# 《孔子家语》考述

王秀江 ◎ 著

中国社会科学出版社

## 图书在版编目(CIP)数据

《孔子家语》考述 / 王秀江著. —北京：中国社会科学出版社，2016.6
ISBN 978-7-5161-8435-6

Ⅰ.①孔… Ⅱ.①王… Ⅲ.①孔丘(前551—前479)—生平事迹 ②《孔子家语》—研究 Ⅳ.①B222.25

中国版本图书馆CIP数据核字(2016)第138253号

| 出 版 人 | 赵剑英 |
|---|---|
| 责任编辑 | 孙 萍 |
| 责任校对 | 刘 娟 |
| 责任印制 | 王 超 |

| 出　　版 | 中国社会科学出版社 |
|---|---|
| 社　　址 | 北京鼓楼西大街甲158号 |
| 邮　　编 | 100720 |
| 网　　址 | http://www.csspw.cn |
| 发 行 部 | 010-84083685 |
| 门 市 部 | 010-84029450 |
| 经　　销 | 新华书店及其他书店 |
| 印　　刷 | 北京明恒达印务有限公司 |
| 装　　订 | 廊坊市广阳区广增装订厂 |
| 版　　次 | 2016年6月第1版 |
| 印　　次 | 2016年6月第1次印刷 |
| 开　　本 | 710×1000　1/16 |
| 印　　张 | 12.5 |
| 字　　数 | 152千字 |
| 定　　价 | 48.00元 |

凡购买中国社会科学出版社图书，如有质量问题请与本社营销中心联系调换
电话：010-84083683
版权所有　侵权必究

# 前　　言

　　《孔子家语》是一部记录孔子及其弟子言行事迹的传世文献。其体例与《论语》相近，而篇幅则远远超过了《论语》。《孔子家语》内容十分丰富，对孔子的先世、出生、死亡、日常生活、思想主张、教学和社会政治活动，以及孔门弟子的言行，都有较为翔实的记述；其重点则是记述孔子的思想主张，特别是载录其自然观、道德修养论、教育观和社会政治观等思想内容所占篇幅最多。

　　但是，令人遗憾的是，由于《孔子家语》中的思想、术语往往与传世的先秦汉魏文献有着非同一般的密切关联，因此历来多有学者认定该书是伪书，以至于该书中的许多极有价值的材料被长期弃置不用。

　　本书以《孔子家语》的真伪公案及其思想内容为主要的研讨课题，首先梳理《孔子家语》的形成及传衍情况，其次以历史与逻辑、文献学与思想史、传世文献与考古新发现相结合，兼重义理与考据，从《孔子家语》与传世文献、新出土文献的对勘中，对《孔子家语》的自然观、道德修养论、社会政治观等思想内容进行较为系统的研讨，从而确证：《孔子家语》是一部渊源有自的儒家古籍，虽然在流传过程中或有加工润色，但其主体部分仍然没有实质性的改变。它在孔子及儒学乃至整个中国学术思想史研究中具有不可替代的重要地位和价值。以《孔子家语》为伪书，乃是疑古过勇、不了解古书通例所致，如今在越来越多的考古新出文献及相关研究成果的无可辩驳的佐证下，《孔子家语》伪书说自然会逐渐销声匿迹，走入历史。

接着，本书以《孔子家语》为主，对孔子的自然观、道德修养论和社会政治观等思想，进行了较为详细的探讨。

在自然观上，孔子已经可以熟练地运用阴阳、五行思想阐发自己对天道、人道的看法和感悟，足见其对阴阳、五行思想是非常熟悉和认同的，并以之为天道、人道的基本内容。

在道德修养论上，孔子认为，"仁"是最高德性，并在人与人、人与万物的关系中体现出来，其根本意义是"爱人"；"义"乃指立身行事之本，是行为之最高标准；"孝"绝不仅仅是在物质生活方面尽赡养父母长辈的义务，更重要的是内心所怀有的对父母长辈的敬爱之情；孔子将人分为五个品级，其中"德合于天地，变通无方……明并日月，化行若神"的圣人是最高的理想人格。

在社会政治观上，孔子认为，德是政治的基础，尤其是作为当政者，其德性的状态是为政成功的根本所在，是使天下百姓同归于善的前提。孔子就为君之道提出了以身作则、"尊贤而贱不肖"、虚心纳谏等基本原则。孔子对为臣之道提出了"忠信以为宝"、敢于谏君、"国有道则尽忠以辅之，国无道则退身以避之"等原则。孔子的政治理想乃是"无为而治"、天下"大同"。

# 目 录

**绪 论** ……………………………………………………………（1）

**第一章 《孔子家语》的形成与传衍** ………………………（8）
  第一节 《孔子家语》的形成 …………………………（9）
  第二节 《孔子家语》的传衍 …………………………（11）
  第三节 现存《孔子家语》的主要版本及注本 ……（17）
  第四节 《孔子家语》的篇卷目次 ……………………（28）

**第二章 《孔子家语》伪书案的重新审理** …………………（33）
  第一节 《孔子家语》伪书案的由来 …………………（33）
  第二节 从《孔子家语》与传世文献的比较看其真伪 …（46）
  第三节 从《孔子家语》的词句看其真伪 ……………（68）
  第四节 据传统辨伪方法以考察《孔子家语》的真伪 …（78）
  第五节 据新出土文献以考察《孔子家语》的真伪 …（86）

**第三章 《孔子家语》的自然观** ……………………………（102）
  第一节 阴阳观 …………………………………………（102）

第二节　五行观 …………………………………………（109）

## 第四章　《孔子家语》的道德修养论 ……………………（121）
　　第一节　论"仁" …………………………………………（121）
　　第二节　论"义" …………………………………………（128）
　　第三节　论"孝" …………………………………………（133）
　　第四节　论理想人格 ……………………………………（140）

## 第五章　《孔子家语》的社会政治观 ……………………（148）
　　第一节　"德者,政之始也" ………………………………（148）
　　第二节　论为君之道 ……………………………………（155）
　　第三节　论为臣之道 ……………………………………（165）
　　第四节　"无为而治"的"大同"理想 ……………………（175）

## 参考文献 ……………………………………………………（182）

# 绪　　论

作为"至圣先师，万世师表"，孔子在中国思想文化史上的贡献和影响都是广泛而深远的，几乎涉及思想文化史的所有领域。就研究孔子的材料取舍问题，金景芳先生早已明确提出：

> 研究孔子思想固然应以《论语》为最重要的材料，但是如果株守一部《论语》，而对于孔子所删述的《诗》《书》《礼》《乐》《易》《春秋》毫无了解或不愿意了解，则对孔子思想的研究，只能是挂一漏万，是不能做到全面地如实地评价孔子的。①

就与孔子有关的古代文献而言，钱穆先生早在1974年更加详细地指出：

> 孔子生平言行，具载于其门人弟子之所记，复经其再传三传门人弟子之结集而成之《论语》一书中。其有关于政治

---

① 金景芳：《金景芳先秦思想史讲义》，天津古籍出版社2007年版，第138页。

活动上之大节，则备详于《春秋左氏传》。其他有关孔子言行及其家世先后，又散见于先秦古籍如《孟子》《春秋公羊》《穀梁传》《小戴礼记·檀弓》诸篇，以及《世本》《孔子家语》等书者，当尚有三十种之多。最后，西汉司马迁《史记》采集以前各书材料成《孔子世家》，是为孔子生平首尾条贯之第一篇传记。①

可见，与孔子有关的古籍相当繁富。在这些文献中，《孔子家语》则是一部流传久远而争议颇多的儒家古籍。在中国学术研究史上，此书由于被许多带有明显学术偏见的学者尤其是疑古派判定为"伪书"，所以几乎一直受到排斥或忽略。直至最近几十年，随着大量相关简帛文献的出土，才逐渐使得《孔子家语》的本来面目和学术价值日益清晰地呈现在世人面前。

《孔子家语》，又名《孔氏家语》，或简称《家语》，乃是一部记录孔子及其弟子言行事迹的古代文献。其体例与《论语》相近，而篇幅则远远超过了《论语》，"比《论语》多出近四倍"②。《孔子家语》的内容十分丰富，对孔子的先世、出生死亡、日常生活、思想体系、教学和社会政治活动，以及孔门弟子的言行，都有较为翔实的记录和介绍；其重点则是记述孔子的思想主张，特别是介绍其自然观、道德修养论、教育观和社会政治观等内容所占篇幅最多。

但是，令人遗憾的是，由于《孔子家语》中的思想、术语往往与传世的先秦汉魏文献有着非同一般的密切关联，因此历来多

---

① 钱穆：《孔子传》，台北：东大图书股份有限公司1987年版，序言第1页。
② 杨朝明主编：《孔子家语通解》，万卷楼图书股份有限公司2005年版，第4页。

有学者认定该书是伪书，以至于该书中的许多极有价值的材料被长期弃置不用。

《孔子家语》最早著录于《汉书·艺文志》："《孔子家语》二十七卷。"《隋书·经籍志》《旧唐书·经籍志》《新唐书·艺文志》《宋史·艺文志》《四库全书总目提要》等均有记载，只是上述各书记述繁简不一，内容也有出入。如《汉书·艺文志》"论语类"载"《孔子家语》二十七卷"，《隋书·经籍志》"论语类"载"《孔子家语》二十一卷"[①]，《旧唐书·经籍志》"经录论语类"载"《孔子家语》十卷"，《新唐书·艺文志》"经录论语类"载"王肃注《论语》十卷，又注《孔子家语》十卷"，宋陈振孙《直斋书录解题》"儒家类"载"《孔子家语》十卷"，清《四库全书总目提要》"子部儒家类"载"《孔子家语》十卷"。

唐代孔颖达在《礼记正义·乐记》中引郑玄后学马昭曰："《家语》，王肃所增加，非郑（即郑玄）所见。"《通典》卷九十一引马昭曰："《孔子家语》之言，固所未信。"颜师古在为《汉书》作注时说二十七卷本《孔子家语》"非今所有《家语》"。皆认为古本与今本有较大的不同。加之今本《孔子家语》的许多内容又多见于《荀子》《韩诗外传》《礼记》《大戴礼记》《说苑》等其他先秦两汉文献，这就很容易给人造成一种《孔子家语》乃是抄撮其他古籍而成的印象。所以，怀疑和指斥今本《孔子家语》的人很多，例如清代的孙志祖、范家相就分别撰有《家语疏证》、《家语证伪》，逐篇逐章地论证今本《孔子家语》的"作伪"细节。由于今本《孔子家语》是曹魏时期王肃作注后流行起

---

[①] 周洪才先生指出："《隋志》著为'二十一卷'，'一'当为'七'之误。"参见周洪才《孔子故里著述考》，齐鲁书社2004年版，第306页。

来的，所以很多人认为今本出自王肃的伪造。《四库全书总目提要》更是明确宣布《孔子家语》出自王肃之手。这样，《孔子家语》属于伪书几乎铁板钉钉，成为定论。但也有一些学者并不同意将《孔子家语》定为王肃伪撰的主流成说，如南宋大儒朱熹说："《家语》中说话犹得"，"《家语》虽记得不纯，却是当时书……《家语》只是王肃编古录杂记。其书虽多疵，然非肃所作"①，"《家语》固有驳杂处，然其间亦岂无一言之得耶？"②认为《孔子家语》虽有不少问题，但绝非王肃所作，顶多也只能说是王肃编辑各种古籍材料而成。明代学者毛晋说："《孔子家语》虽不列六经，然志艺文者每叙于《论语》之后，实经部之要典也。"③清代学者卢文弨亦说："学者读圣人之遗书，求圣人之行事，则《家语》一书，固不可一日而废也。"④清代学者陈士珂还专门作了一部《孔子家语疏证》，将今本《孔子家语》与传世文献进行了详细的对照，为今本《孔子家语》作了认真系统严谨的辩护。

近几十年来，在出土文献中发现了与今本《孔子家语》有关的一系列资料，《孔子家语》为王肃一人伪撰的说法越来越站不住脚了。1973年，河北定县八角廊出土了一批竹简，其中有一种被整理者定名为《儒家者言》的古书，其内容与《孔子家语》有许多遥相应和的地方。1977年，安徽阜阳双古堆汉墓又出土了一些与《孔子家语》有关的简牍。1994年，上海博物馆从香港文物市场购回了一大批战国楚竹书，其中就有许多极为珍贵的儒家佚

---

① 《朱子语类》卷八十四、一百三十七。
② 《晦庵集》卷三十一《答张敬夫》，文渊阁《四库全书》本。
③ 参见叶德辉《郎园读书志》，台北：明文书局1990年版。
④ 同上。

籍，尤其是其中的《民之父母》篇，庞朴先生研究后充满激情地指出：

> 以前我们多相信，《家语》乃王肃伪作，杂抄自《礼记》等书。《礼记》乃汉儒纂辑，非先秦旧籍，去圣久远，不足凭信。具体到"民之父母"一节，则认为，其五至三无之说，特别是"三无"之"无"，明显属于道家思想，绝非儒家者言，可以一望而知。现在上博藏简《民之父母》篇的再世，轰然打破了我们这个成见。对照竹简，冷静地重读《孔子家语·礼论》和《礼记·孔子闲居》，不能不承认，它们确系孟子以前遗物，绝非后人伪造所成。……面对竹的事实，我们不能不改弦更张，温故知新，清理成见，重新认识。①

庞朴先生所言极是。所有这些新出土的文献，都在说明一个毋庸置疑的"竹的事实"：《孔子家语》并非伪书，它的原型在汉初乃至战国就早已存在了。

今本《孔子家语》的传本以明嘉靖三十三年吴郡吴时用、黄周贤等仿宋刊本为最早，它是一个宋版的明代覆刻本，《四部丛刊》收录了这个版本，该版本缺少最后三段和后序。上海古籍出版社出版的"诸子百家丛书"收录的吴、黄覆宋刊本则较完整。明代末期，毛晋从他在不同时期获得的两个宋本中配了一个完整的版本，即毛氏汲古阁刊本，清代的《四库全书》就收录了这个版本。而坊间一直流传着一个宋蜀本《孔子家语》，所刻王肃注文与他本有不少出入，具有很高的版本价值。

---

① 庞朴：《话说"五至三无"》，《文史哲》2004年第1期。

目前，学术界对《孔子家语》的研究已经取得了一些可喜的成果，其中，1999年台湾政治大学中国文学研究所姜赞洙完成的硕士学位论文《〈孔子家语〉研究》，是对《孔子家语》进行的较为全面研究的可贵尝试，但余地仍然很大，还有很多文献考辨和思想阐发问题留有很大的继续研讨的空间。曲阜师范大学的几篇硕士学位论文，如陈建磊的《魏晋孔氏家学及〈孔子家语〉公案》，陈以凤的《西汉孔氏家学及"伪书"公案》，孙海辉的《孔子与老子关系研究——以〈孔子家语〉为中心》，刘萍的《〈孔子家语〉与孔子弟子研究——以〈弟子行〉和〈七十二弟子解〉为中心》，赵灿良的《〈孔子家语〉研究》（吉林大学的硕士学位论文），宋鹤的《〈孔子家语〉的成书及真伪研究》（辽宁师范大学的硕士学位论文）等，都对《孔子家语》的诸多相关问题进行了一些可贵的研讨。山东大学的博士学位论文，如郝虹的《王肃经学研究》和陈以凤的《孔安国学术研究》等，则从与《孔子家语》密切相关的王肃和孔安国两位大儒出发，对《孔子家语》的相关问题进行了较为深入系统的研究。东北师范大学的硕士学位论文——刘伟岩的《〈孔子家语〉复音词研究》，从语言学的角度对《孔子家语》进行了较为细致的探讨。

虽然对《孔子家语》的研究已经取得了较为可贵的成果，但还远远不够，因为这些成果只是简略论及《孔子家语》的流传、真伪及思想，而没有能够全面深入地对《孔子家语》进行系统深入的研究。这种状况与《孔子家语》在中国思想学术史上的重要地位极不相称。有关《孔子家语》的流传、真伪及思想等方面的诸多问题，各种史载和诸家论说相互矛盾之处非常多，亟须认真考辨和系统研究。而20世纪的许多重大考古成果，尤其是马王堆、定县、阜阳双古堆、郭店、上博等众多简帛文献的重见天日，使《孔子家语》的深入研究获得了前所未有的有利条件，并可望在更大程度上产生具有重大突破和创新的成果。

　　本书采取的基本研究方法是，历史与逻辑、理论主体与历史境域相结合，传世文献与考古新文献相结合，分析与综合、归纳与演绎相结合，兼重义理与考据，以陈寅恪先生倡导的"神游冥想""应具了解之同情"①的中国学术研究进路，以及既不盲目信古，也不过分疑古的"释古"②态度，对相关的中国哲学元典进行详细研习，对已有成果进行系统整理和消化吸收，从而对《孔子家语》的伪书案重新进行认真审理，并努力深入探讨其中蕴含的孔子的思想主张，力图还原中国古典哲学的本来面目，阐扬其可资现代人借鉴的思想价值。

---

　　① 陈寅恪：《冯友兰中国哲学史上册审查报告》，《金明馆丛稿二编》，生活·读书·新知三联书店2001年版，第279页。
　　② 冯友兰：《三松堂学术文集》，北京大学出版社1984年版，第410页；李学勤：《古文献丛论》，上海远东出版社1996年版，第329—337页。

# 第一章

## 《孔子家语》的形成与传衍

《孔子家语》于《汉书·艺文志》《隋书·经籍志》《旧唐书·经籍志》《新唐书·艺文志》《宋史·艺文志》《四库全书总目提要》等均有记载，唯上述各书记述繁简不一，内容亦有出入。如《汉书·艺文志》"论语类"载"《孔子家语》二十七卷"，《隋书·经籍志》"论语类"载"《孔子家语》二十一卷"，《旧唐书·经籍志》"经录论语类"载"《孔子家语》十卷"，《新唐书·艺文志》"经录论语类"载"王肃注《论语》十卷，又注《孔子家语》十卷"，宋人陈振孙《直斋书录解题》"儒家类"载"《孔子家语》十卷"，[①] 清《四库全书总目提要》"子部儒家类"载"《孔子家语》十卷"。由于《孔子家语》历时久远，其中多经变乱，书籍多有损毁，幸存者又多有后人增删之处，今本《孔子家语》已不再是《汉书·艺文志》著录时的版本，学者对《孔子家语》的争议颇大，莫衷一是。本章就《孔子家语》之形成、

---

① （宋）陈振孙撰：《直斋书录解题》卷九，台北：台湾商务印书馆1978年版，第261页。"孔子二十二世孙猛所传。魏散骑常侍王肃为之注。肃辟郑学。猛尝受学于肃，肃从猛得此书，与肃所论多合，从而证之，遂行于世云，博士安国所得壁中书也。亦未必然。其间所载，多已见左氏传、大戴礼诸书云。肃，东海人，父朗。"

传衍、现存的主要版本及注本、篇卷目次，略做简明介绍，以为铺垫。

## 第一节 《孔子家语》的形成

对于《孔子家语》形成的基本情况，《旧题汉孔安国序》中已经有较为详细的说明，其曰：

> 《孔子家语》者，皆当时公卿士大夫及七十二弟子之所咨访、交相对问言语也。既而诸弟子各记其所问焉，与《论语》《孝经》并时，弟子取其正实而切实者别出为《论语》，其余则都集录，名之曰"孔子家语"。

有一些学者怀疑此序文是王肃一手伪造的，现在看来可能并非如此，至少这种疑古观点尚有商榷的余地。由这篇序文，我们可以简单了解《孔子家语》一书的形成和初期的流传情况。清人张鈜在此基础上又曰：

> 迨孔子既没，圣人之道衰，杨墨之言盈天下，诸弟子惧夫去圣愈远，源流益别，历久而愈失其传也，于是追述圣人平日之嘉言懿行，与夫穷理正心、修己治人之术，无不谨书而备录之，名之曰"孔子家语"。①

《曲阜志·著述·经类》则在综合历代史料的基础上，更加

---

① （清）张鈜撰：《家语集注》序，清光绪十五年（1889年）著者手定底稿本。

详细地说明了《孔子家语》的形成过程，其曰：

> 孔子弟子既编《论语》，又集录公卿大夫及弟子之所咨访与其言语，为四十四篇，名曰"孔子家语"。秦始皇焚书时，《家语》与诸子并列，故不见灭，多古文字。孔安国既为《尚书》《孝经》《论语》改今文，读而训传其义，又撰次《孔子家语》。会巫蛊事起，遂各废，不行于时。戴圣常杂取其书，以足《礼记》。汉成帝时，刘向考校经籍，见其已在《礼记》者，则便除《家语》之本篇，止录二十七篇。后博士孔衍以为是灭其原而存其末也，言之成帝，会帝崩，不行其说。后王肃得《家语》四十四篇古本于孔猛家，注之，乃行于世。今所存《家语》二卷，亦四十四篇，然非王肃所得古本矣。圣公府有校刊《家语》。[①]

就目前我们所掌握的相关资料来看，应该说，《曲阜志·著述·经类》的这些说法基本上是可靠的。

日本学者太宰纯则侧重就《论语》与《孔子家语》的内在关系指出：

> 昔者左丘明取鲁国简牍记以为《春秋传》，又录其异闻兼撮诸国遗事以为外传，命之曰《国语》。仲尼门人录仲尼言语行事及门人问对论议之语，命之曰《家语》；琴张原思等取《家语》中纯粹正实者而修其文，以为《论语》。是《论

---

[①] 参见周洪才《孔子故里著述考》，齐鲁书社2004年版，第305页。

语》之与《家语》，犹《春秋》内、外传也。①

《汉书·艺文志》明确载录："《孔子家语》二十七卷。"据此，我们可以推定，刘向刘歆父子曾经亲眼看到此书并加以校勘整理，或者班固至少也是有确凿依据而肯定此书的存在及其具体情形，从而把它录入《汉书·艺文志》。

## 第二节 《孔子家语》的传衍

《孔子家语》一书，最早著录于《汉书·艺文志》："《孔子家语》二十七卷。"唐代孔颖达在《礼记正义·乐记》中引郑玄后学马昭曰："《家语》，王肃所增加，非郑（即郑玄）所见。"《通典》卷九十一引马昭曰："《孔子家语》之言，固所未信。"唐代颜师古在为《汉书》作注时说，《汉书·艺文志》所著录之二十七卷本《孔子家语》"非今所有《家语》"。皆认为古本与今本有着较大的不同。疑古思潮的先驱唐代的刘知几，很可能受到了马昭"《家语》，王肃所增加"之说和颜师古《汉书·艺文志》所著录之《孔子家语》"非今所有《家语》"的影响，曾经说"《孔氏家语》、临川《世说》，可谓'画虎不成反类犬也'，故其书受嗤当代，良有以焉"②。而事实上，王注本《孔子家语》逐渐流行以后，直至唐代，官方的《史记》三家注、《五经正义》等也都广泛征引《孔子家语》，可见，从魏晋南北朝到隋唐，学术界基本上没有因马昭之说而对《孔子家语》弃之不用。王志平指

---

① 参见汉城大学校图书馆编《奎章阁图书韩国本综合目录》，汉城：汉城大学校出版部1983年版，《家语集注》引述。

② 《史通·内篇·六家》。

出:"马昭是很强烈地维护师道尊严的人,但更准确地说马昭是为了维护师严而非为了维护道尊。如果真要维护道尊的话,就应该平心静气地承认王肃所驳正中郑注之失,而不应该巧设诡辞,百般弥缝。从这一点上说,马昭所论距离'惟义是从''惟义所在'是遥远的。"①

《隋书·经籍志》"论语类"著录曰:"《孔子家语》二十一卷。梁有《家语》二卷,魏博士张融撰,亡。"《旧唐书·经籍志》"经录论语类"著录曰:"《孔子家语》十卷:王肃撰。"由此可知,从两汉到隋唐五代时期,《孔子家语》的传本有二十七卷本、二十一卷本、十卷本,其中《隋书·经籍志》所载"二十一卷"当系"二十七卷"之误,十卷本则系王肃注本。

至宋代,《孔子家语》继续流传。清钱侗撰《崇文总目辑释》"经部论语类一"著录曰:"《孔子家语》十卷。东垣按:孔子二十二世孙猛所传,王肃注,即王肃依托也,今本二十一卷。"宋儒欧阳修主持修撰之《新唐书·艺文志》"论语类"著录曰:"王肃注《论语》十卷,又注《孔子家语》十卷。"陈骙等撰、赵士炜辑《中兴馆阁书目》"论语类"著录曰:"《家语》十卷,王肃注。"宋儒晁公武所撰之《郡斋读书志》卷四"论语类"著录曰:"《孔子家语》十卷……右魏王肃序、注,凡四十四篇。"尤袤所撰之《遂初堂书目》"论语类"著录曰:"《孔子家语》。"宋儒陈振孙《直斋书录解题》卷九"儒家类"著录曰:"《孔子家语》十卷……魏散骑常侍王肃为之注。"宋儒郑樵所撰之《通志》卷六十三"艺文略第一论语注解类"著录曰:"《孔子家语》二十一卷,王肃注。"可见,宋代所流传的《孔子家语》都是因王肃所

---

① 王志平:《中国学术史·魏晋南北朝卷》,江西教育出版社2001年版,第147页。

注而流行的十卷本，其他版本似乎已经失传了。

元明时期，《孔子家语》继续流传，同时又有一些变化，并出现了一些新的版本和注本。在这一时期，元朝脱脱等撰修之《宋史·艺文志》"经部论语类"著录曰："《孔子家语》十卷：魏王肃注。"元人马端临所撰之《文献通考》卷一百八十四"经籍考十一"著录曰："《孔子家语》十卷：王肃注。"清儒钱大昕所撰之《补元史艺文志》卷三"儒家类"著录云："王广谋《孔子家语句解》三卷。"明人杨士奇所撰之《文渊阁书目》黄字号第二厨书目"性理类"著录云："《孔子家语》一部五册，残缺；《孔子家语》一部三册，阙；《孔子家语》一部一册，完全。"明儒徐惟起《红雨楼书目》"论语类"著录曰："《孔子家语》，王肃注，十卷。"黄虞稷《千顷堂书目》卷三"经部"著录曰："王广谋《孔子家语句解》四卷，字景猷，延祐三年刊。"① 由此可知，元明时期，除了王肃注本之外，还出现了王广谋《孔子家语句解》三卷本和何孟春《补注孔子家语》八卷本，但是可惜的是，王广谋本和何孟春本皆非足本。②

在此特别要注意的是，明代中后期出现了好多《孔子家语》的新版本，这对于《孔子家语》的传播无疑起了很大的推动作用，如明嘉靖己亥十八年（1539年）汤克宽南京刊蓝印本、明嘉靖甲寅三十三年（1554年）吴郡黄周贤等覆宋刊本、明万历年间长洲刊本（陆治补注本）、明万历年间新安吴勉学刊本、明天启崇祯间

---

① （明）陈第撰：《世善堂藏书目录》著录"孔子家语二卷"（卷二，《书目三编》，台北：广文书局1969年版，第21页），晁瑮《宝文堂书目》著录"孔子家语"，不过据所记载的内容，不能确定记载的版本到底是哪一种。

② 《增订四库简明目录标注》说："元王广谋《标题句解》本三卷，注既浅陋，正文亦加删易。明何孟春注，亦非足本。"参见邵懿辰撰、邵章续录《增订四库简明目录标注》卷九，台北：世界书局1961年版，第376页。

虞山毛氏汲古阁刊本等，都是在这一时期出现的新刊本，其中黄周贤等覆宋刊本、毛氏汲古阁刊本两种版本，至今仍然是最通行的版本。至于各种版本的详细情况，我们将在下节具体介绍。

清代以来，《孔子家语》仍然继续流传，同时又出现了一些新的版本和注本。钱谦益所撰之《绛云楼书目》卷一"论语类"曰："《孔子家语》二十七卷，刘向校，王肃注，与今本绝不同。"① 季振宜所撰之《季沧苇藏书目》著录曰："《孔子家语》十卷四本。"钱曾所撰之《述古堂藏书目》云："王肃注《孔子家语》十卷四本，宋本影抄。"钱曾所撰之《读书敏求记》卷一"经类"著录曰："王肃注《家语》十卷。"② 于敏中、彭元瑞等所编之《钦定天禄琳琅书目》卷四"影宋钞子部"著录曰："《孔子家语》一函三册，魏王肃注十卷"；卷五"宋版子部"著录曰："《家语》一函五册，魏王肃注；《家语》二函十三册"；卷九"明版子部"著录曰："《标题句解孔子家语》一函三册；明何孟春补注三卷"；又卷十六"明版子部"著录曰："《孔子家语》一函四册，篇目同前宋版子部，明吴勉学刊本。"孙星衍所撰之《孙氏祠堂书目内外编》内编卷二云："《孔子家语》二十一

---

① 钱谦益《绛云楼书目》"论语类"作："孔子家语，二十七卷，刘向校，王肃注。与今本绝不同。何燕泉尝遍访旧本不可得。王淳之得之，欲刻不果，后其子授之陆叔平校梓，颇多紊乱，尽失旧本之真面目矣。是何惜也！先儒言家语，王肃作，未足可依。参见礼记王制天子七庙疏。"卷一，《书目三编》本，台北：广文书局1969年版，第11页。

② 钱曾：《读书敏求记》卷一"王肃注家语十卷。此从东坡居士所藏北宋椠本缮写。流俗本注中脱误恐多，几不堪读。予昔藏南宋刻，亦不如此本之佳也"。参见钱曾《读书敏求记》，书目文献出版社1984年版，第12页。并注：（补）"劳权云：恬裕斋藏书记有影宋钞本，半页九行，行十七字，首卷至卷二凡十六页，完善无讹。又有斧季用北宋本南宋本校本跋云：丁卯得北宋刻本，其卷二第十六页以前，已蠹蚀，继于己卯春复得一本缺末卷，合之始全，今校改字脱落颠倒者，自卷首至卷二十六页为多云。铨案：爱日志有临毛斧季校北宋南宋两宋本。蒋凤藻云：予有明徐兴公旧藏正德刊本。"《书目丛编》本，台北：广文书局1967年版，第172—173页。

卷，魏王肃注，一明毛晋刊本，一明十卷刊本。"傅增湘所撰之《双鉴楼善本书目》卷三子部著录曰："《孔子家语》十卷，明嘉靖刊本，九行十六字；《标题句解孔子家语》三卷；日本宽永活字本，七行十七字；《孔子家语》十卷，日本明历刊本，孙凤钧手校。"缪荃孙所撰之《艺风藏书记·续记》卷二"诸子第三"著录曰："《孔子家语》八卷，明刻本，明何孟春注；《孔子家语注》十卷，日本刻本，魏王肃注，日本信阳太宰纯增注。"① 张钧衡《适园藏书志》卷六"子部儒家类"著录曰："《标题句解孔子家语》三卷，元刊本，元王广谋撰。"邓邦述《群碧楼善本书目》卷三著录曰："《孔子家语》十卷八册，魏王肃著，明陆治刻本；《孔子家语》十卷二册，无注，明刻本。"瞿镛《铁琴铜剑楼藏书目录》卷第十三"子部儒家类"著录曰："《孔子家语》十卷，影钞宋本；《孔子家语》十卷，校宋本。"丁丙《善本书室藏书志》卷十五"子部"著录曰："《家语》十卷，明翻宋本；《孔子家语》十卷，明汲古阁刊本；《家语》二十卷，明刊校宋本。"《江南图书馆善本书目》第四十八号著录曰："《家语》十卷，周孔丘，魏王肃注，明翻宋本。又同上，明汲古阁本，卢抱经校，陈仲鱼藏书。"《江苏省立国学图书馆现存书目》卷七"子部儒家类"著录曰："《孔子家语》十卷，魏东海王肃，明翻宋本；又一部十卷，同上，汲古阁本；又一部十卷，乾隆刊本；又一部十卷，同上，同文书局石印本；又一部十卷，同上，通行本。"邵懿辰撰、邵章续录《增订四库简明目录标注》卷九"子部一儒家类"

---

① 缪荃孙云："孔子家语注十卷，日本刻本，魏王肃注，日本信阳太宰纯增注。首有纯自序，次有王肃序纯之，次以志传，后采毛晋跋，何孟春跋，纯自序。以本文与汲古刻同。所增者，另注增字，以墨圈识之。宽保二年壬戌春正月江都书肆嵩山房刻。中国乾隆七年也。"《书目丛编》本，第369页。

著录更加详明，其于"《孔子家语》十卷，魏王肃注"下有："汲古阁刊本，佳。乾隆庚子钱塘李容重刊毛本。《天禄后目》有宋刊本十卷。……明吴氏刊注本。正德辛巳张公瑞刊何孟春补注本，八卷。朱伯韩有明葛鼐刊注本，窜乱失次。明黄鲁曾刊本，包山陆氏本，俱劣。许氏有清钱熥刊本。"附录曰："见一明刻十卷本，每半页九行，行十六字，前目录，后有绘象七页，凡十四图，袁芳瑛藏，光绪乙酉夏归余斋（懿荣）。"续录曰："傅沅叔云：萧敬孚藏蜀大字本，后归刘聚卿（引者注：刘世珩），曾得寓目，已影刻行世。戊午秋，聚卿携之行箧，在浦口客邸被毁，深可痛惜。元王广谋《标题句解》本三卷，注既浅陋，正文亦加删易。明何孟春注，亦非足本。明隆庆六年徐祚锡刊本（按：即陆治补注本）。明刊无注本……王氏刊本。清雍正十一年寅清楼刊姜兆锡正义本，十卷。清光绪二十四年贵池刘氏玉海堂影宋蜀本。近年石印本，乃据影写北宋本，极精。沅叔谓疑即汲古阁所藏本影写，而萧敬孚云别系一宋本，恐不可信。子书百种本。日本庆长四年活字重印元泰定苍岩书院刊本。旧活字本，十行十七字。《四部丛刊》本。"①

由这些书目的著录情况可见，清代以来，除了明代中叶以后所刻的各个版本仍然在继续流传之外②，还出现了几种新的版本，例如"乾隆庚子钱塘李容重刊毛本""清雍正十一年寅清楼刊姜兆锡《正义》本""清光绪二十四年贵池刘氏玉海堂影宋蜀本""日本信阳太宰纯增注本""日本宽永活字本"等，其中"清光绪二十四年贵池刘氏玉海堂影宋蜀本"较为重要，因为此本是以毛

---

① 邵懿辰撰，邵章续录：《增订四库简明目录标注》，第375—376页。
② 此统计根据《台湾公藏善本书目书名索引》及《台湾公藏普通线装书书名索引》而作，其中善本书有17种，普通线装书有6种。

晋旧藏影宋本来刊印的，可以补毛氏汲古阁刊本的不足之处，同时在其所据祖本上，它无疑是以目前所见最早的版本为底本的。

清儒姚际恒在其所撰之《古今伪书考》中指出："《唐志》有王肃注《家语》十卷，此即肃掇拾传记为之，托名孔安国作序，即师古所谓今之《家语》是也。今世所传《家语》，又非师古所谓今之《家语》也。司马贞与师古同为唐人，贞作《史记索隐》所引《家语》今本或无，可验也。"可见，《孔子家语》一书命运多舛，在其流传过程中曾经出现过一些比较大的变化。

总之，《孔子家语》虽然因为其命运多舛而使其流传受到很大影响，但其传本还是不少。以下我们选择现今可以看到的主要版本及注本，来略作介绍。

## 第三节　现存《孔子家语》的主要版本及注本

目前，《孔子家语》的古代传本，在中国大陆、中国台湾及世界上许多地方都有收藏。例如姜赞洙在其硕士学位论文《〈孔子家语〉研究》中据《台湾公藏善本书目名索引》及《台湾公藏普通线装书书名索引》统计得出，目前在台湾地区，《孔子家语》的传本一共有23种，其中善本书有17种，普通线装书有6种。① 以下我们就来介绍一些较为重要的版本及注本。

**一　明嘉靖三十三年（1554年）吴郡黄鲁曾等仿宋刻本**

版框高16.8厘米，宽13.5厘米。左右双栏，每半页九行，

---

① 姜赞洙：《〈孔子家语〉研究》第二章第二节，硕士学位论文，台湾"国立"政治大学中国文学研究所，1999年。

行十六字，小字双行，字数同。版心白口，单白鱼尾，鱼尾下记"孔子家语"及卷次、页次。卷首有王肃"孔子家语序"，署"王肃注"，卷末有吴郡黄鲁曾"孔子家语后序"。卷十尾题下刻"终岁申（甲）寅端阳望吴时用书黄周贤金贤刻"。现藏中国国家图书馆、上海图书馆、浙江图书馆、台湾"国家图书馆"等。

此本在《钦定天禄琳琅书目》卷五、《善本书室藏书志》卷十五皆有著录。《钦定天禄琳琅书目》卷五宋版子部云："此书中'祺'字阙笔，避宋度宗嫌名，似咸淳年刻。然咸淳起乙丑尽甲戌中无甲寅年，其椠法特精好，印记古泽，难斥为近刻也。"[1]《善本书室藏书志》卷十五子部一《家语》十卷明翻宋本条云："此书当为嘉靖三十三年所刊，然书中'祺'字缺末笔，避度宗嫌名，似咸淳年间刻，考咸淳无甲寅，其椠法特精，疑其源当出于南宋，旧刊时用重为影写上版，故'祺'字依旧缺笔。"[2]

黄鲁曾《跋》云："今考之艺文志有二十一卷，王肃所注，何乃至宋人梓传者止十卷？已亡其太半。……王广谋《句解》者又止三卷。近何氏孟春所注，则卷虽盈于前本而文多不齐。余颇惜王肃所注之少播于世，力求宋刻者而校雠之，仅得十之七八，虽宋刻亦有讹谬者也。然此书乃孔氏久成之典，余距孔氏一千五百余年，序之僭妄深矣，观者勿以无取尤之。"此本虽然是仿宋刊本，不过因"力求宋刻者而校雠之，仅得十之七八"，所以与宋刻原本差距较大。尽管如此，但"就目前所知材料来看，此本是明代王注《家语》十卷最早行世且流传至今者。……如果说纵向上王肃注《家语》的流传链条始终未断、迤逦至今，终是幸事

---

[1] 彭元瑞、于敏中：《钦定天禄琳琅书目·续目》，《书目续编卷五》，第1140页。
[2] 丁丙：《书目丛编·善本书室藏书志》卷十五，第686页。

的话，但王注本横向上并陈的几大版本，能够拥有较为纯粹的版本属性的可能只有黄本"。①

此本后被收入《四部丛刊》，山东友谊书社1989年《孔子文化大全》影印本系此本之清道光甲午孟冬耕兰氏校刻本（收藏于南京图书馆），上海古籍出版社1990年影印《诸子百家丛书》本《孔子家语》亦据此本，故此本最为通行。

**二　明天启崇祯年间（1621—1644年）虞山毛氏汲古阁刊本**

版框高17.4厘米，宽13.2厘米。左右双栏，每半页九行，行十七字，小字双行，字数同。版心白口，中间记"家语"及卷次，稍下方有页次。每卷首二页版心中间记"汲古阁"，其下小字署"毛氏正本"。卷首有王肃序，次有目录，以《公西赤问》终卷。卷末有毛晋跋、何孟春正德二年（1507年）旧跋。现藏中国国家图书馆、上海图书馆、南京图书馆、南开大学图书馆、杭州大学图书馆、台湾"国家图书馆"等。

毛晋《跋》云："嗟乎！是书之亡久矣！一亡于胜国王氏（引者按：王广谋），其病在割裂；一亡于包山陆氏（引者按：陆治），其病在倒颠。……忽丁卯秋，吴兴贾人持一编至，乃北宋板王肃注本子，大书深刻，与今本迥异，惜二卷十六页已前皆已蠹蚀，因复向先圣焚香叩首，愿窥全豹。幸己卯春从锡山酒家复觏一函，冠冕峃然，亦宋刻王氏注也，所逸者仅末二卷，余不觉合掌顿足，急请能书者一补其首、一补其尾，二册俨然双璧矣！纵未必夫子旧堂壁中故物，已不失王肃本注矣。三百年割裂颠倒

---

① 宁镇疆：《今传宋本〈孔子家语〉源流考略》，《中国典籍与文化》2009年第4期。

之纷纷，一旦而垂绅正笏于夫子庙堂之上矣。是书幸矣！余幸矣！亟公之同好，凡架上王氏、陆氏本俱可覆诸酱瓿矣。即何氏（按：何孟春）所注亦是暗中摸索，疵病甚多，未必贤于王、陆二家也，但其一序亦可参考，因缀旒于跋之下。"

《善本书室藏书志》卷十五著录，《铁琴铜剑楼藏书目录》卷十三子部一儒家类载"校宋本"，言汲古阁本在校以宋本时，云："今校改注字脱落颠倒者，自卷首至卷二十六页以前为多，盖初得宋本，即刻其阙者，仍参通行本，迨续得全本，不脊椎改矣。"[1]后来叶德辉在《郋园读书志》中更详细地指出此本的不足之处。[2]

后来此本成为清代《四库全书》（包括《摛藻堂四库全书荟要》）本《孔子家语》的底本[3]，又收录于《四部备要》，故较为通行。

## 三　敦煌写本《孔子家语》残本

此残卷存七十三行，凡《郊问》篇末十二行，《五刑解》全。其中"民"字不讳，殆为六朝写本，是目前所见《孔子家语》最早的版本。著名文献学家王重民先生以毛晋的汲古阁影宋本与黄鲁曾本《四部丛刊》本与此残本相校，指出此残本的"独胜"价值，认为毛本和黄本"又并远逊。《五刑解》：'不仁者生于丧祭

---

[1]　瞿镛：《书目丛编·铁琴铜剑楼藏书目录》卷十三，第750页。
[2]　叶德辉《郋园读书志》云："己（叶氏）乃取宋本校之，其改易行款，犹本《孔子家语》的底本。"
[3]　清永瑢等撰：《四库全书总目》卷九十一"子部·儒家类一"，中华书局1965年版，第769—770页。《四库全书总目》说："其书至明代传本颇稀……明代所传凡二本，闽徐火勃家本，中缺二十余页；海虞毛晋家本，稍异而首尾完全。今徐本不知存佚，此本则毛晋所校刊，较之坊刻，犹为近古者矣。"

之礼不明'黄本衍'不'字,毛本'不'字作也,则并以'明'字属下为句,为失其义。陆校本作'无礼',尤误。'能致仁爱,则服丧思暮',毛本同,黄本'致'作'教',又衍'服'字。'试上者生于义不明,夫义所以别贵贱,明尊卑',毛黄二本'试'并作'杀','义不明'作'不义',又衍'夫'字,羡'也'字。'婚礼聘享者',毛本'礼'作'姻',黄本衍'婚'字,陆校本作'婚礼'与此同。'三皇五帝之所化民者如此,虽有五刑不用,不亦可乎!'毛黄两本并衍'以'字,'有刑不用'并作'有五刑之用',则其义正相反。'手杀人者罪止其身',黄本'止'作'及',毛本不误。'则曰下官不识',卷子本原注云:'识宜为职,言其下官不称其职,不斥其身',毛黄两本改'识'为'职',又删注语以符之。若不见卷子本,何由知宋人刻书,不但改经文,并改注语也!'闻有谴发',毛何两本'有'并作'而',《太平御览》卷六百四十一引与此同。聊举数端,以著古写本之独胜,以判毛黄二本之优劣……又按此卷存后题:'家语卷第十','十'字当是'七'字之误,盖分卷非与今本有异。"①

此残本收录于黄永武主编《敦煌宝藏》第 14 册斯 1981 号。

## 四 明万历年间(1573—1620 年)新安吴勉学刊本

版框高 19.8 厘米,宽 14 厘米。左右双栏,每半页九行,行十八字。小字双行,字数同。版心花口,单鱼尾,鱼尾上方刻"孔子家语",中间刻卷次,下方刻页次。首卷首行顶格题"孔子家语卷第一",二三行低九格分别题"魏王肃注""明吴勉学

---

① 王重民:《敦煌古籍叙录》卷三子部上,中华书局 1979 年版,第 149—150 页。

校"。卷末有尾题，但有约半数尾题不存，卷末页纸张不完整，并因此缺三四行文字。卷首有王世贞"孔子家语序"，次有"素王事实"、次有"先圣历聘纪年"、次有目录，以《曲礼公西赤问》终篇。现藏中国科学院图书馆、上海图书馆、华东师范大学图书馆、浙江图书馆、台湾"国家图书馆"等。

此本在《钦定天禄琳琅续目》卷十六、《善本书室藏书志》卷十五皆有著录。

## 五　明万历年间（1573—1620年）长洲刊本

魏王肃注，明陆治补注。版框高18.7厘米，宽13.4厘米。左右双栏，每半页九行，行十六字。小字双行，字数同。版心白口，单鱼尾，鱼尾下记"家语卷"及页次，下方记刻工名。刻工名：章右之（或作吴门章右之、右之、长洲章右之）、章掖（或作掖）、方瑞先（或作瑞先、方）等。卷首有"汉集家语序"，"魏注家语序"，署"魏景侯王肃撰""孔安国传略"，传略末署"长洲顾櫶写，章掖刻"。次有"考证凡例"十三条，末亦署写刊者姓名如前。次有"每篇古文辨义总目"，分篇列出异体字，部分有加注反切。次有目录，以《七十二弟子解》终篇。凡例末条言此书篇目依何孟春篇次。毛晋认为此本有"倒颠"之病。现藏台湾"国家图书馆"。

此书有一个特色，就是在王肃注的基础上做了很多补充，其内容在"考证凡例"中提出说明，如与经史相关文字互证、注明引文出处、古文下加注六书分析与反切、官名人名加注等。另外，此书认为《家语》不是王肃伪作。近年出土的河北定县八角廊汉墓和安徽阜阳双古堆汉墓竹简，有和今本《孔子家语》相近的文字，学者视之为《家语》的原型，二墓都是西汉时期的。本书的论点得到了出土文物的支持。①

王重民《中国善本书提要》所著录的美国会图书馆所藏明隆庆年间刻本（中国国家图书馆、上海图书馆、浙江图书馆等也有收藏）和隆庆年间陆治校刻本，版式行款及写刻者姓名皆与此本同，但其有王鏊序、陆治序、徐锡祚跋，此本皆无。邓邦述《群碧楼善本书目》卷三亦有著录。

## 六 日本宽永十五年（1638年）风月宗智刊本

魏王肃注，十卷二册，版框高21.3厘米，宽16.6厘米。四周双栏，每半页九行，行十八字。小字双行，字数同。版心大黑口，双花鱼尾，鱼尾间记"家语"及卷次、页次。卷首有王肃序，序后直接目录，以《公西赤问》终卷。篇目后刻"上官国材宅刊"六字。卷末题"宽永十五年［戊寅］仲秋吉日二条通观音町风月宗智刊行"两行。此书附刻句读及日文助读符号。卷内有"静安""王国维"等印记，又有王国维先生跋云："此本不知出何本，然佳处时出诸本上。昔桐城萧敬孚得此本，乃谓宋刊大字本不足存，以归贵池刘氏。余以此本校黄周贤本一卷，乃知敬老之言不诬。庚申冬十月朔夕，海宁王国维记。"现藏中国国家图书馆及台湾"国家图书馆"、台湾故宫博物院图书馆等。台湾故宫博物院图书馆另藏有日本元和年间活字本五册十卷。

王重民《中国善本书提要》"子部二·儒家类"有著录。②

---

① 台湾"国家图书馆"特藏组编：《国家图书馆善本书志初稿》子部，"儒家类"，台北："国家图书馆"1998年版，第2页。

② 王重民：《中国善本书提要》，第219页。

## 七　清光绪二十四年（1898年）贵池刘世珩玉海堂景刊宋蜀本

王肃注，四册十卷，附札记一卷。版框高24.1厘米，宽18.4厘米。左右双栏，每半页九行，行十七字。小字双行，字数同。版心白口，无鱼尾，版心中间记"家语第几"，下方间记页次。卷首有牌记"玉海堂景宋丛书之一。光绪二十有四年太岁在戊戌二月，贵池刘世珩以家藏汲古阁旧本覆刻于武昌黄冈陶子霖镌"，次有"孔子家语序"，序后有"世珩记"。首卷首行顶格"孔子家语卷第一"，次行低八行"王肃注"，次行顶格"相鲁第一"。卷末有尾题。卷第十后署"武昌省三佛阁陶子麟刊"，次有毛晋、毛扆识，次有"孔子家语札记"，札记后有刘世珩记、葱石又记。现藏台湾"国家图书馆"、台湾故宫博物院图书馆等。

此本就是毛晋所藏的宋蜀大字本，后来归于桐城萧穆[①]，再转让给贵池刘世珩，刘氏影写刊印。对于这个相互转让的过程，萧穆有较为详细的说明，他说："光绪乙未秋，余以校刊刘海峰先生《历朝诗选》，外间诸公助资不给，因与世交贵池刘聚卿观察世珩相商，权以此书代质，得重资以济。聚卿今欲公诸同好，倩善书者将原本影写一部，选良工照刊。其表章古籍，宅心仁厚，雅意真所罕见也。"[②] 叶德辉亦云："毛（晋）藏宋本，光绪中叶，犹在桐城萧敬孚明。经穆家，敬孚寓上海方言馆，吾曾假阅

---

[①] 萧穆《敬孚类稿》卷五在《跋影刊宋椠孔氏家语》一文中云："同治初年邑人姚伯厚过予艸堂，行囊有一巨册，发之，乃毛氏旧藏宋蜀椠大字《孔子家语》原本也。询所由来，乃友人姚世培家旧藏，今将托售，先以末册毛氏跋文为证，余大喜过望，即以此册留下。旋至世培家，归其欲售之资，乃将前四册携归，居然为寒家插架之冠矣。三十年来，遨游四方，尝以此书自携行笥，遍示同人，互为喧传，海内藏书家莫不知毛氏宋椠《孔子家语》今尚在寒家也。"黄山书社1992年版，第102—103页。

[②] 同上书，第103页。

之，当时同文书局有石印本，即从之出。后闻以书归湖州陆存斋观察心源，得番饼银四百元，不知何时又归贵池刘氏，今刘氏仿刻之本，即萧本也。"① 刘氏刊印此本的时候，他所藏的宋蜀大字本是当时唯一的宋刻本②，不过后来被毁③，如此一来，此本的价值，当然毋庸置疑。不过，有的论者认为，此本亦有其不可尽信的地方。④

台湾故宫博物院图书馆另藏有贵池刘氏玉海堂景宋蜀刊朱印本。

## 八　日本宽保元年（1741年）京师风月堂刊本

版框高 20.7 厘米，宽 15.2 厘米。四周双栏，每半页十行，行二十一字。小字双行，字数同。版心花口，单鱼尾，上方记"补注孔子家语"，中间记"卷之几"及页次，下方"风月堂藏"。卷首有王肃序，序后直接目录，以《公西赤问》终。卷末有元封时旧序及孔安国传略。最后两行题"宽保元辛酉岁（1741年）十二月之吉，京师书坊风月堂庄左衙门重梓"。现藏台湾"国家图书馆"。

目录后有冈白驹识语，云："明本吴嘉谟注《家语》亦十卷

---

① 叶德辉：《郋园读书志》卷二，第168页。
② 可参见此本《孔子家语札记》后面的《刘世珩记》，其云："宋刻之存于今者，止有此本。"收于《孔子家语》十卷附札记一卷，清光绪二十四年贵池刘氏玉海堂景宋蜀刊印本，故宫博物馆藏。
③ 《增订四库简明目录标注》卷九子部一儒家类"孔子家语十卷"条下续录曰："傅沅叔云：萧敬孚藏蜀大字本，后归刘聚卿（引者按：刘世珩），曾得寓目，已影刻行世，戊午秋，聚卿携之行箧，在浦口客邸被毁，深可痛惜。"参见《增订四库简明目录标注》，上海古籍出版社1979年版，第376页。
④ 如潘景郑《著砚楼书跋》云："《家语》王肃注十卷本，以贵池刘氏玉海堂覆宋蜀大字本为最古，然刘刻所据，亦至未可尽信：后附《札记》汇录各家校语，亦未精确。"《书目类编》本，第34715页。

四十四篇，不言其所由来，钱谦益校本稍删吴注而卷篇同，何孟春所注八卷四十四篇，自言不获见肃之注，仍其割裂，即他书以补缀之，亦十之六七耳，注颇有所见，虽出于摸索，视之吴氏，诚为巨擘焉，然而皆不如此本之近也，惟毛晋所刻肃注《家语》与此本同，而脱误反多。余仍肃原注补其不备，据诸家本汰彼肴讹，庶不汶汶。"可见，明代吴嘉谟注本、钱谦益校本、何孟春注本都和此本不同，汲古阁本则与此本同，而脱误反多。又注者根据王肃注加以补充，书中补注皆以"补"字标明。

## 九　日本宽保二年（1742年）江都书肆嵩山房刊本

五册，框高20.9厘米，宽15厘米。九行十八字，小字双行同。白口，单鱼尾，四周双边。内封题"孔子家语，春台先生增注，江都书肆嵩山房梓"，并刻有"不许翻刻，千里必究"。卷末刻"太宰弥右卫门增注，宽保二年壬戌春正月吉，江都书肆嵩山房藏板，须原屋小林新兵卫梓"。卷端署"魏东海王肃注，日本信阳太宰纯增注"。前有日本元文元年太宰纯序，后有太宰纯跋，钤有"贻庵藏书记"印。[①] 现藏中国国家图书馆、香港中文大学图书馆等。

## 十　明末永明书院刊明何孟春注本

四册八卷，明何孟春注，明永明书院刻本。框高21.6厘米，宽13.7厘米。半页九行，行二十字。四周单边，白口，单鱼尾，

---

① 香港中文大学图书馆系统编：《香港中文大学图书馆古籍善本书录·子部·儒家类》（增订版）。

书口下注"永明书院藏板",书眉上刻评。题"魏王肃纂注,明太子太傅袭封衍圣公孔胤植编正,何孟春补注,孔尚达参订",有正德二年(1507年)二月壬寅何孟春序、正德十六年(1521年)林俊题辞、正德十六年(1521年)辛巳良月望日黄巩跋。序后有目录,以《七十二弟子解》终。现藏中国国家图书馆、中国科学院图书馆、北京师范大学图书馆、重庆市图书馆、浙江图书馆、浙江省天一阁文物保管所、台湾"国家图书馆"、美国哈佛大学哈佛燕京图书馆及日本内阁文库等。

何孟春自序云:"肃之注,愚不获见,而见其序,今世相传《家语》殆非肃本,非师古所谓今之所有者。"又云:"春(引者按:何孟春)谨即他书有明著《家语》云云而今本缺略者以补缀之,今本不少概见,则不知旧本为在何篇,而不敢以入焉。分四十四篇为八卷,他书所记事同语异者笺其下,而一二愚得附焉(《大戴礼记》内与此互详略者不笺,春于彼又有专注故也)。其不敢以入焉者仍别录之,并春秋战国秦汉间文字载有孔子语者,录为《家语外集》,存之私塾,以竢博雅君子或得肃旧本而是正焉。是岂独春之幸哉?"何氏既然不获见王肃注,这本与王肃注本有所不同,不过仍有其价值。上述日本宽保元年京师风月堂刊本冈白驹识语云:"何孟春所注八卷四十四篇,自言不获见肃之注,仍其割裂,即它书以补缀之,亦十之六七耳,注颇有所见,虽出于摸索,视之吴氏,诚为巨擘焉。"

此本在《四库全书总目》卷九十五[①]、缪荃孙《艺风藏书续

---

[①] 《四库全书总目》卷九十五,子部儒家类存目一云:"孔子家语注八卷。(湖南巡抚采进本)。……至近本所校补孟春阙误凡数百条,皆引据精确。则孟春是注之舛漏,抑可知矣。"艺文印书馆1989年版,第800页。

记》卷二①、《善本书所见录》卷三子部②、莫伯骥《五十万卷楼藏书目录初编》卷九、邓邦述《寒瘦山房鬻存善本书目》卷二皆有著录。③

　　以上即是《孔子家语》的一些主要传世版本和注本。如果说《孔子家语》及王肃注的流传始终未断终是幸事的话，那么在以上这些版本中，"能够拥有较为纯粹的版本属性的可能只有黄本。刘氏玉海堂本事涉拼凑和按语混入，而汲古阁刊本则后人校改之处又多"，其他版本缺陷更多。因此，"今之治《家语》者，绝不能唯某一版本是从，而必须于众本间折中去取"，必要时还要参考唐代抄本（如敦煌本、《群书治要》本）、唐宋注疏及类书等各类文献以定是非，如此才能接近《孔子家语》乃至学术思想史的原貌。④

## 第四节　《孔子家语》的篇卷目次

　　对于《孔子家语》一书，《汉书·艺文志》仅载二十七卷之

---

　　① 缪荃孙：《艺风藏书续记》卷二，《书目三编》本，台北：广文书局1969年版，第1页。
　　② 罗振常著、周子美编：《善本书所见录》卷三，"子部"云："孔子家语八卷。世行《家语》各本皆王肃注，何孟春注极少见。此本为正德原刊，所谓正德辛巳张公瑞刊本也（见邵亭目）。各家藏书目谨张金吾藏有正德本，可见传本之少；惟张本尚有正德辛巳黄巩序，此则无之。孟春自序及林见素题辞，黄氏亦无之，盖两本互有脱佚也。此本字刻颇类元板，盖明代惟正德本多仿元，如慎独斋刊各书均是，真精整可爱。"《书目类编》本，第25649页。
　　③ 邓邦述：《寒瘦山房鬻存善本书目》卷二云："孔子家语八卷二册。明何孟春注。明正德刊本。……何孟春在正德校刊古籍甚多，故是博洽之士，此本乃其所注。今年偶过上海……辛酉十二月正闉记。"《书目三编》，台北：广文书局1969年版，第60页。
　　④ 参见宁镇疆《今传宋本〈孔子家语〉源流考略》，《中国典籍与文化》2009年第4期。

数，没有详细列出其中的具体篇目。历代学者一般都以《汉志》所记二十七卷作为确定古本《孔子家语》卷数的权威标准，并据以推论其他古本《孔子家语》的是非。至于《孔子家语》的篇数，目前我们所见的资料皆记为四十四篇。例如，《旧题汉孔安国序》云："元封之时，吾仕京师，窃惧先人之典辞将遂泯没，于是因诸公卿大夫私以人事募求其副，悉得之，乃以事类相次，撰集为四十四篇，又有《曾子问礼》一篇，自别属《曾子问》，故不复录，其诸弟子书所称引孔子之言者本不存乎《家语》，亦以其已自有所传也，是以皆不取也，将来君子，不可不鉴。"

明人林俊云："孔安国得古文本孔壁间，易以今文，会进中辍。戴圣攘取以□礼记，冒己功以泯前迹，刘向所校正二十七篇，要当时本也。孔子二十一世孙猛学于王肃，请从序正，凡四十四篇，要今本也。"①

明人吴嘉谟云："《家语》，孔安国得之鲁恭王壁藏文也，篇凡四十有四。刘更生氏校雠，去其二之一。后王肃复得之孔猛家，目与安国合，则四十四篇其全文也。"②

日本学者冈白驹指出："明本吴嘉谟注《家语》亦十卷四十四篇，不言其所由来。钱谦益校本稍删吴注而卷篇同。何孟春所注八卷四十四篇，自言不获见肃之注，仍其割裂，即它书以补缀之，亦十之六七耳，注颇有所见，虽出于摸索，视之吴氏，诚为巨擘焉。然而皆不如此本之近也，惟毛晋所刻肃注《家语》与此

---

① 《明林俊序》，参见魏王肃注，明何孟春补注《孔子家语》八卷六册，明末叶永明书院刊本，台湾"国家图书馆"藏。
② 《明吴嘉谟序》，参见明吴嘉谟编《孔圣家语图》十一卷八册，明万历己丑武林吴氏刊本，台湾"国家图书馆"藏。

本同，而脱误反多。"①

由此可知，现存《孔子家语》的篇数，历来皆以四十四篇为准。兹录明嘉靖十八年汤克宽南京刊蓝印本、明刊九行二十字本及明嘉靖三十三年吴郡黄鲁曾刊本中所列《孔子家语》的篇卷目次，以见其梗概。

明嘉靖十八年汤克宽南京刊蓝印本《孔子家语》（《明吴嘉谟序》，收入明吴嘉谟编《孔圣家语图》十一卷八册，明万历己丑武林吴氏刊本，台湾"国家图书馆"藏）的卷次、篇次（篇名前的阿拉伯数字即其序数）如下：

卷上：（1）《相鲁》，（2）《始诛》，（3）《王言解》，（4）《大婚解》，（5）《儒行解》，（6）《问礼》，（7）《五仪解》，（8）《致思》，（9）《三恕》，（10）《好生》，（11）《观周》，（12）《弟子行》，（13）《贤君》，（14）《辩政》。

卷中：（15）《六本》，（16）《辩物》，（17）《哀公问政》，（18）《颜回》，（19）《子路初见》，（20）《在厄》，（21）《入官》，（22）《困誓》，（23）《五帝德》，（24）《五帝》，（25）《执辔》，（26）《本命解》，（27）《论礼》，（28）《观乡射》，（29）《郊问》，（30）《五刑解》，（31）《刑政》。

卷下：（32）《礼运》，（33）《冠颂》，（34）《庙制》，（35）《辩乐》，（36）《问玉》，（37）《屈节解》，（38）《七十二弟子解》，（39）《本姓解》，（40）《终记解》，（41）《正论解》，（42）《曲礼子贡问》，（43）《曲礼子夏问》，（44）《曲礼公西赤问》。

明刊九行二十字本《孔子家语》的篇卷目次如下：

---

① 魏王肃注，[日]冈白驹补注：《孔子家语》十卷五册，京师风月堂刊本：日本宽保元年，台湾"国家图书馆"藏。

卷一：(1)《相鲁》，(2)《始诛》，(3)《王言解》，(4)《大婚解》，(5)《儒行解》，(6)《问礼》，(7)《五仪解》。

卷二：(8)《致思》，(9)《三恕》，(10)《好生》。

卷三：(11)《观周》，(12)《弟子行》，(13)《贤君》，(14)《辩政》。

卷四：(15)《六本》，(16)《辩物》，(17)《哀公问政》。

卷五：(18)《颜回》，(19)《子路初见》，(20)《在厄》，(21)《入官》，(22)《困誓》，(23)《五帝德》。

卷六：(24)《五帝》，(25)《执辔》，(26)《本命解》，(27)《论礼》。

卷七：(28)《观乡射》，(29)《郊问》，(30)《五刑解》，(31)《刑政》，(32)《礼运》。

卷八：(33)《冠颂》，(34)《庙制》，(35)《辩乐》，(36)《问玉》，(37)《屈节解》。

卷九：(38)《正论解》，(39)《曲礼子贡问》，(40)《曲礼子夏问》，(41)《曲礼公西赤问》。

卷十：(42)《本姓解》，(43)《终记解》，(44)《七十二弟子解》。

明嘉靖三十三年吴郡黄鲁曾刊本《孔子家语》的篇卷目次如下：

卷一：(1)《相鲁》，(2)《始诛》，(3)《王言解》，(4)《大婚解》，(5)《儒行解》，(6)《问礼》，(7)《五仪解》。

卷二：(8)《致思》，(9)《三恕》，(10)《好生》。

卷三：(11)《观周》，(12)《弟子行》，(13)《贤君》，(14)《辩政》。

卷四：(15)《六本》，(16)《辩物》，(17)《哀公问政》。

卷五：(18)《颜回》，(19)《子路初见》，(20)《在厄》，(21)《入官》，(22)《困誓》，(23)《五帝德》。

卷六：(24)《五帝》，(25)《执辔》，(26)《本命解》，(27)《论礼》。

卷七：(28)《观乡射》，(29)《郊问》，(30)《五刑解》，(31)《刑政》，(32)《礼运》。

卷八：(33)《冠颂》，(34)《庙制》，(35)《辩乐解》，(36)《问玉》，(37)《屈节解》。

卷九：(38)《七十二弟子解》，(39)《本姓解》，(40)《终记解》，(41)《正论解》。

卷十：(42)《曲礼子贡问》，(43)《曲礼子夏问》，(44)《曲礼公西赤问》。

可见，以上三种版本《孔子家语》四十四篇的次序虽然略有出入，但是篇名则是一致的。就其取篇名的方式而言，《孔子家语》与《论语》有很大不同。《论语》的篇名是取该篇首句中开头的二三字做标题，别无深义，如第一篇开篇第一句为"子曰：学而时习之"，故取"学而"二字作为篇名。而《孔子家语》则是另一套取名方法，它是取该篇正文所讲的核心内容作为篇名，所以它的篇名即是各篇的要旨，如《相鲁》篇是"鲁定公相位阙，孔子摄行相事，故以名篇"，《始诛》篇是"子为司寇，摄相事，即戮乱政大夫，故名'始诛'篇"，等等。[1]

---

[1] 以上多参考姜赞洙《〈孔子家语〉研究》第二章，硕士学位论文，台湾"国立"政治大学中国文学研究所，1999年。

# 第二章

## 《孔子家语》伪书案的重新审理

对于今本《孔子家语》的作者和成书年代等问题，自古以来就充满争议，众说纷纭。自从晋代的马昭和唐代的颜师古开始，历代学者对这些问题皆各抒己见，意见不一，乃至于截然相反。直至近现代，由于范家相、孙志祖、丁晏、沈钦韩、梁启超、屈万里等疑古派学者的所谓"严密考证"，使"《孔子家语》是一部汉魏王肃所依托的伪书"这一观点俨然成为学术界的普遍看法和主流观点。然而，也有一些相对较弱的声音，如朱熹、崔述等学者则早已指出，此书非王肃一人所能伪造。近几十年来陆续新出土的一些简帛文献，则为后者提供了越来越有力的可贵佐证。我们将在本章中尝试对所谓《孔子家语》的伪书案重新予以系统认真的审理。

### 第一节 《孔子家语》伪书案的由来

《孔子家语》一书，因为其成书及流传过程史载有阙，使其越发复杂隐微，所以历代学者的看法也就众说纷纭，莫衷一是。《汉书·艺文志》"论语类"著录有"《孔子家语》二十七卷"，而今本《孔子家语》最初乃是以汉魏王肃注本的形式流传下来的。《汉书·艺文志》中只著录了《孔子家语》的书名和卷数，没有记载篇名信息，更没有记录其书的具体内容。但最近在河北定县发掘出土了西汉初期流行的《孔子家语》的一个原型文献，整理者命名为"儒家者言"，由此可以使我们大略窥测刘向父子编校古籍及班固编订《汉书·艺文志》时期的《孔子家语》之相关文献的一角，可以佐证《汉书·艺文志》所著录的"《孔子家语》二十七卷"是可靠的记载。今本《孔子家语》书后有署名王肃的《孔子家语序》一文，其曰：

> 郑氏学行五十载矣，自肃成童，始志于学，而学郑氏学矣。然寻文责实，考其上下义理，不安违错者多，是以夺而易之。然世未明其款情，而谓其苟驳前师，以见异于人，乃慨然而叹曰："予岂好难哉？予不得已也。"圣人之门，方壅不通，孔氏之路，枳棘充焉，岂得不开而辟之哉？若无由之者，亦非予之罪也，是以撰经礼申明其义，及朝论制度，皆据所见而言。孔子二十二世孙有孔猛者，家有其先人之书，昔相从学，顷还家，方取以来，与予所论有若重规叠矩。昔仲尼曰："文王既没，文不在兹乎？天之将丧斯文也，后死者不得与于斯文也；天之未丧斯文也，匡人其如予何？"言天丧斯文，故令己传斯文于天下，今或者天未欲乱斯文，故令从予学，而予从猛得斯论，以明相与孔氏之无违也。斯皆圣人实事之论，而恐其将绝，故特为解，以贻好事之君子。

其中简略地叙述了《孔子家语》的一些流传情况及王肃自己注解《孔子家语》的缘起、动机和基本宗旨。

宋代学者陈振孙在其所撰之《直斋书录解题》中记述道："孔子二十二世孙猛所传，魏散骑常侍王肃为之注。肃辟郑学，猛尝受学于肃，肃从猛得此书。与肃所论多合，从而证之，遂行于世。"① 陈振孙也基本认同上述署名王肃的《孔子家语序》中所记载的内容，而说王肃从孔猛处得到《孔子家语》之后，发现其书所记载的许多内容与自己的学术观点多有契合，所以他也用《孔子家语》来批驳郑玄的一些说法。这可以说是对今本《孔子家语》形成过程的传统说法。

唐代经学家孔颖达在《礼记正义·乐记》中引郑玄后学马昭曰："《家语》，王肃所增加，非郑（即郑玄）所见。"《通典》卷九十一引马昭曰："《孔子家语》之言，固所未信。"唐代大儒颜师古在为《汉书》作注时说，《汉书·艺文志》（简称《汉志》）所著录之二十七卷本《孔子家语》"非今所有《家语》"。皆认为古本与今本有着较大的不同，且明显有今本《孔子家语》不太可靠的意味。很可能受到了马昭"《家语》，王肃所增加"之说和颜师古《汉书·艺文志》所著录之《孔子家语》"非今所有《家语》"的影响，疑古思潮的先驱唐代的刘知几，曾经说《孔子家语》（简称《家语》）"受嗤当代"②。这是指唐初存世流行的《家语》，当是王肃注本。这些说法严格区分了两种《家语》，对后世影响很大，此后学界一般将《汉志》著录本称为古本或孔安国旧本，传世的王肃注本则称为今本。

而事实上，马昭、颜师古等这么简短的说法，"语意十分模

---

① 参见宋陈振孙《直斋书录解题》卷九，台湾商务印书馆1978年版，第261页。周洪才先生指出："孔猛，据《孔子世家谱》，乃孔子二十代孙季彦之子，亦即孔子二十一代孙。王肃、陈振孙称'孔子二十二世孙'，晁公武称'孔子二十四世孙'，实皆未确。"参见周洪才《孔子故里著述考》，齐鲁书社2004年版，第306页。

② 《史通·内篇·六家》。

糊，既有可能是指今本与古本完全不同，是王肃伪撰的另一部书；也可能只是说今本与古本有所差别，是经过王肃加工的另一种本子。宋明以后人们大多顺着前一种思路来理解"①，因此，以后历代学者就对《孔子家语》多加质疑和否弃。一开始，学者一般只是认为《孔子家语》中的有些部分是王肃为了批驳郑玄而伪造增窜。到了南宋，就开始有学者认为，《孔子家语》乃是王肃杂取诸书伪造而成，例如南宋学者王柏说："今之《家语》十卷，凡四十有四篇，意王肃杂取《左传》《国语》《荀》《孟》、二《戴》之绪余，混乱精粗，割裂前后，织而成之，托以安国之名。"②

至清代，疑古之风炽盛，《孔子家语》纯粹是王肃所造作的"伪书"之说几乎成为不容置疑的定论。如崔述提出："《家语》在汉已显于世，列于《七略》，以康成之博学，岂容不见？而待肃之据之以驳己耶？此必毁郑氏之学者伪撰此书以为己证。"③姚际恒在其代表作《古今伪书考》中指出："《唐志》有王肃注《家语》十卷，此即肃掇拾诸传记之，托名孔安国作序，即师古所谓今之《家语》是也。"代表清代学术主流的《四库全书总目》卷九十一《子部一·儒家类一·〈孔子家语〉二十一卷》曰：

> 魏王肃注。肃字子雍，东海人。官至中领军散骑常侍。事迹具《三国志》本传。是书肃自序云："郑氏学行五十载矣，义理不安，违错者多，是以夺而易之。孔子二十二世孙

---

① 参见张固也、赵灿良《〈孔子家语〉分卷变迁考》，《孔子研究》2008 年第 2 期。
② 王柏：《家语考》，参见《鲁斋集》卷九，《文渊阁四库全书》影印本；张心澂：《伪书通考》，商务印书馆 1939 年版，第 612—617 页。
③ （清）崔述：《洙泗考信录》卷一，载顾颉刚编订《崔东壁遗书》，上海古籍出版社 1983 年版，第 265 页。

有孔猛者，家有其先人之书，昔相从学，顷还家，方取以来，与予所论，有若重规叠矩"云云。是此本自肃始传也。考《汉书·艺文志》有《孔子家语》二十七卷，颜师古注云："非今所有《家语》。"《礼·乐记》称"舜弹五弦之琴以歌南风"，郑注："其词未闻。"孔颖达《疏》载：肃作《圣证论》，引《家语》"阜财解愠"之诗以难康成。又载马昭之说，谓："《家语》王肃所增加，非郑所见。"故王柏《家语考》曰："四十四篇之《家语》，乃王肃自取《左传》《国语》《荀》《孟》、二戴《记》，割裂织成之，孔衍之序，亦王肃自为也。"独史绳祖《学斋占毕》曰："《大戴》一书，虽列之十四经，然其书大抵杂取《家语》之书，分析而为篇目，其《公冠篇》载成王冠，祝辞内有'先帝'及'陛下'字，周初岂曾有此！《家语》止称'王'字，当以《家语》为正"云云。今考"陛下离显先帝之光曜"已下，篇内已明云"孝昭冠辞"，绳祖误连为祝雍之言，殊未之考。盖王肃袭取《公冠篇》为冠颂，已误合孝昭冠辞于成王冠辞，故删去"先帝""陛下"字，窜改"王"字。《家语》袭《大戴》，非《大戴》袭《家语》，就此一条，亦其明证。其割裂他书亦往往类此，反覆考证，其出于肃手无疑。特其流传既久，且遗文轶事，往往多见于其中，故自唐以来，知其伪而不能废也。其书至明代传本颇稀，故何孟春所注《家语》，自云"未见王肃本"。王鏊《震泽长语》亦称："《家语》今本为近世妄庸所删削，惟有王肃注者，今本所无，多具焉。"则亦仅见之也。明代所传凡二本，闽徐（火勃）家本中缺二十余页，海虞毛晋家本稍异，而首尾完全。今徐本不知存佚，此本则毛晋所校刊，较之坊刻犹为近古者矣。①

这种"出于肃手无疑"的考证结果乍看起来好像确实有其道理。崔述、孙志祖、范家相、梁启超等学者同时认为：据王肃之《序》，《孔子家语》是王肃为了批驳郑学而抄袭诸书、改易旧文所成，但是，如果此书完全是王肃一人有意伪造，那当时的学者为什么没有谈及此事？因而此书还是来历不明、极为可疑的一部作品。②

这种以《孔子家语》为王肃所造伪书的说法影响深远，直到现代，还有学者持这一看法，如现代疑古派之领军人物顾颉刚先生就说："《孔子家语》，名义上是孔子的弟子所记，甚至可说为《论语》所由出。但我们先看了战国、秦、汉间的许多书，再来看它，显见它是把战国、秦、汉间许多书中关于孔子事实的记载乱抄一阵而编成。"③ 屈万里先生也认为："这部《家语》，大部分的资料，是从《左传》《国语》《孟子》《荀子》《大小戴记》《庄子》《吕览》《说苑》等书抄来，而略加改易以成的。"④ 刘起釪先生在其专著《尚书学史》中也说："王肃趁原《家语》已不传的情况下，大量伪撰《家语》之文，以冒充孔子原语，用来作为自己伪书《圣证论》的依据，再用《圣证论》驳郑玄的经注。"⑤ 吴龙辉先生以为："三国时期，王肃将《左传》《国语》

---

① 《四库全书总目》卷九十一"子部一·儒家类一·《孔子家语》二十一卷"，第1194页。
② 参见崔述《洙泗考信录》、孙志祖《家语疏证》、范家相《家语证伪》、梁启超《古书真伪及其年代》。
③ 顾颉刚：《中国上古史研究讲义》，中华书局1988年版，第334页。
④ 屈万里：《先秦文史资料考辨》，台北：联经出版事业公司1985年版，第474页。
⑤ 刘起釪：《尚书学史》，中华书局1989年版，第166—167页。

《孟子》《荀子》《礼记》等先秦两汉典籍中所载孔子及其弟子的部分言行编集成书，题为《孔子家语》，托为孔子十一世孙孔安国所传。由于此书从唐代起就被人怀疑为伪作，因而未受重视。"①李传军先生则认为："利用考古资料，通过对文献的梳理和对勘，对《孔子家语》的文献来源、成书年代和学术价值进行考察和分析，可以肯定《孔子家语》为王肃所编撰的传统观点是可信的"，"从资料的来源来看，现存《孔子家语》的材料基本上来自于以《说苑》《礼记》《韩诗外传》为主的已有文献，而刘向所著的《说苑》，其材料也另有所本，即大多来自于记载孔子及其后学言论、行事的《儒家者言》类作品"。②

同时，从古至今，也有一批学者，如朱熹、沈钦韩、李学勤、庞朴、王志平、杨朝明、廖名春、郭沂、周洪才等，则坚持主张《孔子家语》不是伪书，而且这种声音在现代学术界越来越大，使学术界又兴起了一股为《孔子家语》翻案正名的强大思潮。

南宋大思想家朱熹早已指出："《家语》中说话犹得，《孔丛子》分明是后来文字，弱甚。天下多少是伪书，开眼看得透，自无多书可读"，"《家语》虽记得不纯，却是当时书。《孔丛子》是后来自撰出。《家语》只是王肃编古录杂记。其书虽多疵，然非肃所作。《孔丛子》乃其所注之人伪作。读其首几章，皆法《左传》句，已疑之。及读其后序，乃谓渠好《左传》，便可见"③，"《家语》固有驳杂处，然其间亦岂无一言之得耶?"④ 认

---

① 吴龙辉：《孔子言行录》，广东教育出版社2006年版，前言第2页。
② 李传军：《〈孔子家语〉辨疑》，《孔子研究》2004年第2期。
③ 《朱子语类》卷八十四、卷一百三十七。
④ 《晦庵集》卷三十一《答张敬夫》，文渊阁《四库全书》本。

为《孔子家语》与《孔丛子》不同，《孔子家语》虽也有不少问题，但绝非王肃所作，顶多也只能说是王肃编辑整理各种古籍材料而成。

明代学者毛晋认为："《孔子家语》虽不列六经，然志艺文者每叙于《论语》之后，实经部之要典也。"①

清代学者卢文弨亦说："学者读圣人之遗书，求圣人之行事，则《家语》一书，固不可一日而废也。"②

清代学者沈钦韩提出："《王制》疏：《家语》，先儒以为肃之所作，未足可信。案：肃惟取婚姻、丧记、郊禘、庙祧与郑不同者屡入《家语》，以矫诬圣人，其他固已有之，未可竟谓肃所造也。"③

清代学者陈士珂对颜师古之说颇不以为然，质疑道："小颜（师古）既未见（孔）安国旧本，即安知今本之非是乎？"④他还专门作了一部《孔子家语疏证》，以今本《孔子家语》与传世文献进行了详细的对照，为今本《孔子家语》认真予以系统严谨的辩护。

当代著名文献学家李学勤先生同样指出："王肃注《家语》，是由于《家语》在某些点上有利于他在经学方面反对郑玄的学说。不论他是否在这些地方动笔窜改，说他伪造整部《家语》，恐怕是不可能的"，"今传本古文《尚书》《孔丛子》《家语》，很可能陆续成于孔安国、孔僖、孔季彦、孔猛等孔氏学者之手，有着很长的编纂、改动、增补的过程"⑤。

---

① 参见叶德辉《郋园读书志》，台北：明文书局1990年版。
② 同上。
③ （清）沈钦韩：《汉书疏证》卷一之二，钞本，台湾"国家图书馆"藏。
④ （清）陈士珂：《孔子家语疏证·序》。
⑤ 李学勤：《竹简〈家语〉与汉魏孔氏家学》，《孔子研究》1987年第2期。

庞朴在研究上博楚简《民之父母》篇后激动地指出："以前我们多相信,《家语》乃王肃伪作,杂抄自《礼记》等书。《礼记》乃汉儒纂辑,非先秦旧籍,去圣久远,不足凭信。具体到'民之父母'一节,则认为,其五至三无之说,特别是'三无'之'无',明显属于道家思想,绝非儒家者言,可以一望而知。现在上博藏简《民之父母》篇的再世,轰然打破了我们这个成见。对照竹简,冷静地重读《孔子家语·礼论》和《礼记·孔子闲居》,不能不承认,它们确系孟子以前遗物,绝非后人伪造所成。……面对竹的事实,我们不能不改弦更张,温故知新,清理成见,重新认识。"①

王志平在对《孔子家语》的一些章节做了认真的文献学研究之后,明确指出:"孙志祖、范家相均据此认为是《家语》袭《毛传》,以证《家语》之伪。可问题是如果真是《家语》因袭《毛传》,王肃有意作伪,岂有连《毛诗》《毛传》都抄错,以启人疑窦呢?这一错误倒反证《家语》不是因袭《毛传》。"②

杨朝明是当代学术界系统深入研究《孔子家语》并卓有成就的中年学者代表,他反复强调:"《孔子家语》是研究孔子和早期儒学的宝贵材料……该书与包括《礼记》《大戴礼记》在内的传世文献以及新出土文献都有相同或相通之处,细心将《家语》与之比较,不难发现它的确应该是孔子弟子记录的汇编,其基本的、主要的内容还应当是原始面貌的保留"③,"该书的价值实在不可低估,在孔子研究方面,此书的价值并不在《论语》之下,

---

① 庞朴:《话说"五至三无"》,《文史哲》2004 年第 1 期。
② 王志平:《〈孔子家语〉札记》,参见《学术集林》卷九,上海远东出版社 1996 年版,第 119—131 页。
③ 杨朝明:《读〈孔子家语〉札记》,《文史哲》2006 年第 4 期。

将其视为伪书弃而不用，实在丧失了许多极为宝贵的资料"①，"与包括《论语》在内的众多文献相比，该书完全称得上'孔子研究第一书'"②，"完全可以当得上'儒学第一书'的地位"③，"《孔子家语》是一部宝典，从《家语》问世直到近代，由于学术自身的原因，人们长期抛开了此书，但孔子形象并没有受到太多影响，孔子一直被人们尊崇着。现在，由于出土文献的陆续问世，《孔子家语》伪书案完全可以得到终结，我们看到《家语》成书的真相，有一种失而复得的感觉。只是，认识《家语》，还必须彻底摆脱疑古大幕的阴影"④。

郭沂的研究表明，《孔子家语》是现存《论语》类文献中的重要部分，他主张："《孔子家语》虽在成书时即为七十二弟子所润色，汉初又被增损，但仍不失'夫子本旨'"，"不可贸然把《孔子家语》《孔丛子》归入伪书之类"。⑤

杜维明提出："我们不能贸然否定孔子家传，从而对《孔丛子》乃至《孔子家语》都截然断定是与夫子毫不相干的意揣之辞。"⑥

廖名春、邹新民二人提出："1973 年，河北定县八角廊汉墓

---

① 杨朝明：《〈孔子家语·执辔〉篇与孔子的治国思想》，载杨朝明《儒家文献与早期儒学研究》，齐鲁书社 2002 年版，第 274 页；《中国文献学丛刊》，百花文艺出版社 2002 年版。
② 杨朝明：《〈孔子家语〉通说》，载杨朝明注说《孔子家语》，河南大学出版社 2008 年版，第 2 页。
③ 杨朝明主编：《孔子家语通解》，万卷楼图书股份有限公司 2005 年版，第 6 页。
④ 杨朝明：《"疑古"大幕笼罩下的〈孔子家语〉：白罗译解〈孔子家语〉读后》，载杨朝明《出土文献与儒家学术研究》，台湾古籍出版有限公司 2007 年版。
⑤ 郭沂：《郭店竹简与先秦学术思想》，上海教育出版社 2001 年版，第 360、361 页。
⑥ 杜维明：《郭店楚简的人文精神》，载武汉大学中国文化研究院编《郭店楚简国际学术研讨会论文集》，湖北人民出版社 2000 年版。

出土了与《孔子家语》内容相似的竹简；1977年，安徽阜阳双古堆汉墓又出土了与《孔子家语》有关的简牍。这说明今本《孔子家语》并非伪书，它的原型早在汉初就已存在。由此看来，所谓孔安国序与王肃序的说法是有根据的。《孔子家语》和《论语》同源，系孔门弟子各记所闻，后选一部分辑为《论语》，其余部分则集录为《孔子家语》。后来又经过从孔安国到孔猛等数代孔氏学者的陆续编辑增补而成。所以，今本《孔子家语》既在战国秦汉间就有原型，也是汉魏孔氏家学的产物。"①

周洪才也认为，由八角廊汉简《儒家者言》与阜阳双古堆类似文献的发现，"足见颜师古所谓'非今所有《家语》'的说法是有根据的。今本《家语》，论者辄称王肃伪作，其实是经其篡改'私定'，而非全部由其杜撰。今考此书，或即孔子弟子所记，续经孔子裔孙编次修订，汉墓出土文献《儒家者言》等，可为佐证。现存《家语》虽早非原本之旧，但仍不失为一部研究孔子及其弟子之要籍，且可借以考证有关文献，如《问王（玉）》可考《齐论》遗文，《王言解》可校《大戴礼记》等"②。

周山、笞浩二人同样指出："《孔子家语》也是一部孔子门人弟子以及当时公卿、士大夫与孔子咨访问对的语录。据孔子后人、汉代孔安国所言，'弟子取其正实而切事者，别出为《论语》，其余则都集录之，名之曰《孔子家语》'"③，"孔安国、王肃所述《家语》经历大致可信，是全面了解孔子思想的一部重要典籍"④。

---

① 廖名春、邹新民：《孔子家语》，辽宁教育出版社1997年版，第151—152页。
② 周洪才：《孔子故里著述考》，齐鲁书社2004年版，第306页。
③ 周山、笞浩编注：《走近孔子》，上海社会科学院出版社2007年版，前言第3页。
④ 同上书，前言第4页。

还有一些学者则持更加谨慎的态度，例如匡亚明指出："即便是被公认为王肃伪造的《孔子家语》，其中也不乏可资参考之处。河北定县汉墓竹简《儒家者言》中，即有《家语》的部分内容，可见王肃是有所依据而言的，伪书中也有不伪的东西。"① 孙钦善指出："王肃是根据世传《家语》残卷增益而成，并非全伪……马昭所言'《家语》王肃所增加'，故此书仍具有重要的资料价值。"② 张固也、赵灿良二人提出："最近二十多年来，随着河北定县八角廊、安徽阜阳双古堆等汉墓简牍的陆续公布，《孔子家语》真伪问题成为学界关注的焦点之一。许多学者认为出土简牍足以印证《家语》为相当可信的古书。其实这些材料只是与《家语》相似，还不足以论定其全书之真伪，因为持相反意见的学者可以辩解说，王肃正是利用这类较早的材料伪造出今本《家语》的"，"《家语》确为先秦流传下来而由孔安国最后编定的古书，所谓王肃伪作的说法固然是错误的，时下比较流行的'汉魏孔氏家学的产物'之类说法也不够准确"③。罗安宪主编的《中国孔学史》认为："出土的汉代竹简毕竟有限，与《孔子家语》相同的内容同时也出现于其他先秦、两汉古籍，由此以为《孔子家语》全然可信，也是一种矫枉过正之观点。《孔子家语》的真伪在没有充分的证据证明之前还无法定论。可以说，历代对《孔子家语》的辨伪和历史出土文物证实，《孔子家语》当如朱熹认为的乃王肃'编古录杂记'；他编内容，却非自己发明。"④

概而言之，前人关于今本《孔子家语》一书的真伪问题，大

---

① 匡亚明：《孔子评传》，南京大学出版社1990年版，第16页。
② 孙钦善：《中国古文献学史》，中华书局1994年版，第225—226页。
③ 张固也、赵灿良：《从〈孔子家语·后序〉看其成书过程》，《鲁东大学学报》（哲学社会科学版）2009年第5期。
④ 罗安宪主编：《中国孔学史》，人民出版社2008年版，第73页。

体上可以归纳为四种观点：一是伪书说，认为《孔子家语》一书其名有之，其实则伪；二是真伪掺杂说，认为原书非伪，而今本为后人所增益伪托，这种说法也可以分为王肃伪造说、王肃之徒伪造说、宋代以后学者伪造说；三是古书混编说，认为今本《孔子家语》中混入了大量先秦、秦汉诸子文献；四是非伪说，认为《孔子家语》一书是一部可靠的古籍。

对于以传统的辨伪方法得出的前三说，近年来有不少学者根据新出土的简帛文献，提出应该重新加以反思。例如，李学勤先生指出："根据整理研究近年发现简牍帛书的经验，我们认为，'古书的形成每每要有很长的过程。除了少数书籍立于学官，或有官本，一般都要经过改动变化。很多书在写定前，还有一段口传的过程。尤其在民间流传的，变动尤甚。'因而，对古书的形成和流传不可用静止的观点去看待。《家语》也就是其间的一个例子。"① 陈鼓应就古书辨伪方法问题指出："诸子的书，特别是字数较多的著作，大多是一篇篇写，由后人汇集成册，而且非一时一人之作。因此，某一本书的作品，篇与篇之间，都可能有它的相对独立性，而且因为它是别篇单行，所以考证方法上必须注意：（1）不能根据片语只字，来对整篇作出结论性的否定，除非他们是一些关键性的词句或概念。（2）更不能只抓住片语只字，就把全篇，甚至整本书的其他篇章也给予全面性的否定。"② 虽然这是陈先生就《列子》一书的辨伪问题而提出的，但我们认为这也是一条可以普遍适用的辨伪方法。这些学者的观点，在很多方面为《孔子家语》的研究拓展出了

---

① 李学勤：《竹简〈家语〉与汉魏孔氏家学》，《孔子研究》1987年第2期。
② 陈鼓应：《论〈老子〉晚出说在考证方法上常见的谬误——兼论〈列子〉非伪书》，《道家文化研究》1994年第4辑，第417页。

新的空间。

梁启超指出:"伪书非辨别不可,那是当然的。但辨别以后,并不一定要把伪书烧完,固然也有些伪书可以烧的,如唐宋以后的人所伪造的古书,但自唐以前或自汉以前的伪书却很可宝贵,又当别论。其故因为书断不能凭空造出,必须参考无数书籍,假中常有真宝贝。我们可把它当作类书看待,战国人伪造的书一定保存了秦始皇焚书以前的资料,汉人伪造的书一定保存了董卓焚书以前的资料,晋人造伪的书一定保存了八王之乱以前的资料,因为那些造伪的人生在焚书之前,比后人看的书多些。"① 这一观点提醒我们,应该如何正确对待被疑古派判定为"伪书"的传世古书,乃是一个值得认真思考而不可轻下结论的问题。

## 第二节　从《孔子家语》与传世文献的比较看其真伪

《孔子家语》一书有一个明显的特色,也是给读者极为深刻印象的,就是其记载内容丰富,翔实生动,似乎有特加润色之感,② 且多与其他先秦秦汉古籍相互类同。这就给它自身带来了很大麻烦,以至于长期被判定为伪书,直到现代,仍然有很多学者附会之,认为《孔子家语》乃抄袭《左传》《国语》《孟子》《荀子》《礼记》《大戴礼记》《庄子》《吕氏春秋》《说苑》等

---

① 梁启超:《梁启超国学讲录二种·古书真伪及其年代》,中国社会科学出版社1997年版,第188页。
② 姜赞洙:《〈孔子家语〉研究》第三章第一节,硕士学位论文,台湾"国立"政治大学中国文学研究所,1999年。

书，而略加改易所成，这就是其书伪造的明证。但是，随着研究的日益深入，我们越来越发现，所谓今本《孔子家语》抄袭其他古籍的说法，实际上是捕风捉影、完全靠不住的。我们可以举例来详细说明之。

## 一 《孔子家语·问玉》"天有四时"一章

《孔子家语·问玉》篇曰：

> 天有四时者，春夏秋冬，风雨霜露，无非教也；地载神气，吐纳雷霆，流形庶物，无非教也。清明在躬，气志如神，有物将至，其兆必先。是故天地之教，与圣人相参。其在《诗》曰："嵩高惟岳，峻极于天，惟岳降神，生甫及申，惟申及甫，惟周之翰。四国于蕃，四方于宣。"此文武之德。"矢其文德，协此四国"，此文王之德也。凡三代之王，必先其令问。《诗》云："明明天子，令问不已。"三代之德也。

此段在《礼记·孔子闲居》中作：

> 天有四时，春秋冬夏，风雨霜露，无非教也。地载神气，神气风霆，风霆流形，庶物露生，无非教也。清明在躬，气志如神，嗜欲将至，有开必先。天降时雨，山川出云。其在《诗》曰："嵩高惟岳，峻极于天。惟岳降神，生甫及申。惟申及甫，惟周之翰。四国于蕃，四方于宣。"此文武之德也。三代之王也，必先令闻，《诗》云："明明天子，令闻不已。"三代之德也。"弛其文德，协此四国。"大王之德也。

《韩诗外传》卷五第二十四、二十五章则作：

> 天有四时，春夏秋冬，风雨霜露，无非教也。清明在躬，气志如神，嗜欲将至，有开必先①，天降时雨，山川出云。《诗》曰："嵩高维岳，峻极于天。维岳降神，生甫及申。维申及甫，维周之翰。四国于蕃，四方于宣。"此文武之德也。三代之王也，必先其令名。《诗》曰："明明天子，令闻不已。矢其文德，洽此四国。"此大王之德也。

三者文字各有歧异，各有优长，而《孔子家语》可取之处更多。例如《孔子家语·问玉》中的"地载神气，吐纳雷霆，流形庶物，无非教也"一句，在《礼记·孔子闲居》中作"地载神气，神气风霆，风霆流形，庶物露生，无非教也"，《韩诗外传》卷五则没有相应的只言片语，相比之下，《孔子家语·问玉》所载显然胜出一筹。自"此文武之德"之后的文字，似乎以《礼记·孔子闲居》为优，而《孔子家语·问玉》较为拙劣，例如《孔子家语·问玉》中的"凡三代之王，必先其令问"，在《礼记·孔子闲居》中作"三代之王也，必先令闻"，《韩诗外传》卷五则作"三代之王也，必先其令名"，当以《礼记·孔子闲居》为优；《孔子家语·问玉》中的"此文武之德。'矢其文德，协此四国'，此文王之德也"一节，前面讲"此文武之德"，紧接着又讲"此文王之德也"，显得非常局促拙劣。尤其是《孔子家语·问玉》中的"有物将至，其兆必先"一句，在《礼记·孔子闲居》

---

① 许维遹先生在此出按语曰："本或作'下'，误。《礼记·孔子闲居》篇、《家语·问玉》篇亦作'有'。"参见许维遹《韩诗外传集释》，中华书局1980年版，第191页。其中说"《家语·问玉》篇亦作'有'"，有误。

和《韩诗外传》卷五第二十四、第二十五章中皆作"嗜欲将至，有开必先"，对此，南宋大儒朱熹早已指出：

> 《礼记》"耆欲将至，有开必先"，《家语》作"有物将至，其兆必先"却是。疑"有物"讹为"耆欲"，"其兆"讹为"有开"。故"耆"下"日"亦似"有"，"开"上"门"亦似"兆"。若说"耆欲"，则又成不好底意。①

朱熹所言极是。"耆"与"嗜"古常通借。由此可见，至少从这一段文字看来，说《孔子家语·问玉》乃抄袭《礼记·孔子闲居》或《韩诗外传》卷五第二十四、第二十五章而成，是不能成立的，因为相对于后两者来说，《孔子家语·问玉》的文字既有优长之处，也有拙劣之处，情况较为复杂，不能简单地说谁抄谁，而更可能是三者各有渊源，或三者是对同一思想或文本的不同传承。

## 二 《孔子家语·好生》"《邶诗》曰：'执辔如组'"一章

《孔子家语·好生》篇曰：

> 《郜诗》曰："执辔如组，两骖如儛。"孔子曰："为此诗者，其知政乎！夫为组者，总纰于此，成文于彼，言其动于近、行于远也。执此法以御民，岂不化乎？竿旄之忠告，至矣哉！"

陈士珂《孔子家语疏证》于此未注。孙志祖《家语疏证》谓：

---

① 《朱子语类》卷八十七。

"此袭《吕氏春秋·先己篇》《淮南子·缪称训》及《诗·简兮》《干旄》《毛传》，'竿旄之忠告至矣哉'，兼采《左》定九年《传》'《竿旄》何以告之？取其忠也'语。"又曰："《吕子》《淮南》引《诗》并止'执辔如组'一句，此云'《邶诗》'，亦不当连及'雨骖如儛'也。一本作《郑诗》，以兼引'两骖'句而改之。或谓下句系后人妄增。然据王氏《诗考》则厚斋所见《家语》本已有之矣。"范家相《家语证伪》云："'执辔'二句乃《郑诗》，非《邶诗》也。以为《邶诗》含《竿旄》之篇，未解何本？'竿旄之忠告，至矣哉'一句系《左传》讥邓析语。'总纰于此，成文于彼'二句见毛苌《诗传》，盖本之《吕氏春秋》，孔《疏》谓是《家语》文，盖据今本言之也。'动于近，行于远'二句，见《淮南子·缪称训》引'执辔如组'一句，盖杂组成文者。"王治平就此指出："孙志祖、范家相均据此认为是《家语》袭《毛传》，以证《家语》之伪。可问题是如果真是《家语》因袭《毛传》，王肃有意作伪，岂有连《毛诗》《毛传》都抄错，以启人疑窦呢？这一错误倒反证《家语》不是因袭《毛传》。"[①] 二者相比，应该说，王先生的说法更为可靠。

## 三 《孔子家语·好生》"《豳诗》曰：'殆天之未阴雨'"一章

《孔子家语·好生》篇曰：

《豳诗》曰："殆天之未阴雨，彻彼桑土，绸缪牖户，今

---

[①] 王志平：《〈孔子家语〉札记》，参见《学术集林》卷九，上海远东出版社1996年版，第119—131页。

汝下民，或敢侮余。"孔子曰："能治国家之如此，虽欲侮之，岂可得乎？周自后稷，积行累功，以有爵土，公刘重之以仁，及至大王亶甫，敦以德让，其树根置本，备豫远矣。初，大王都豳，翟人侵之，事之以皮币，不得免焉；事之以珠玉，不得免焉。于是属耆老而告之：'所欲吾土地。吾闻之：君子不以所养而害人，二三子何患乎无君？'遂独与大姜去之，踰梁山，邑于岐山之下。豳人曰：'仁人之君，不可失也。'从之如归市焉。天之与周、民之去殷久矣，若此而不能天下，未之有也，武庚恶能侮？"

清代学者陈士珂《孔子家语疏证》于此无注。孙志祖《家语疏证》卷一谓："此袭《孟子》'周自后稷以下即能治其国家''孰敢侮予'二句而敷衍之耳。"范家相《家语证伪》云："此因《孟子》引孔子称周公，乃取〈滕文〉章语增入于后，中加'后稷，公刘'一段，末以'武庚恶能侮'一句作结，岂《孟子》之言皆出于孔子乎？"又曰："此删改《孟》文，原本毛苌《诗传》。"

对此，王治平研究指出："《孟子》所引《诗》即《豳风·鸱鸮》，'今此下民'，《豳风》作'今女下民'。《鸱鸮》，《尚书·金縢》及《诗序》均以为周公所作，故范家相以此为'孔子称周公'语"，"其实类似的记载亦见《庄子·让王篇》《吕氏春秋·开春论·审为篇》《尚书大传·略说》《淮南子·道应训》《史记·周本纪》《说苑·至仁篇》《吴越春秋·太伯传》《后汉书·郡国志》《孔丛子·居卫篇》等，所言略同。"王先生最后推论道："既然此记载先秦两汉多有，那么《孟子》所载与各书互有异同，可能它们都有一个共同的来源。

《孔子家语》以此为孔子语,是否如此,不得而知,但《孟子》所言并非判断《家语》来源的唯一标准却是肯定的了。"①此说可以信从。

## 四 《孔子家语·五仪解》"存亡祸福皆己而已"一章

《孔子家语·五仪解》记载了鲁哀公咨询孔子的一段对话,其曰:

> 哀公问于孔子曰:"夫国家之存亡祸福,信有天命,非唯人也。"孔子对曰:"存亡祸福皆己而已,天灾地妖不能加也。"公曰:"善!吾子之言,岂有其事乎?"孔子曰:"昔者殷王帝辛之世,有雀生大鸟于城隅焉。占之曰:'凡以小生大,则国家必王而名益昌。'于是帝辛介雀之德,不修国政,亢暴无极,朝臣莫救,外寇乃至,殷国以亡。此即以己逆天时,诡福反为祸者也。又其先世殷王太戊之时,道缺法圮,以致妖孽,桑穀于朝,七日大拱。占之者曰:'桑穀野木而不合生朝,意者国亡乎?'太戊恐骇,侧身修行,思先王之政,明养民之道,三年之后,远方慕义重译至者十有六国。此即以己逆天时,转祸为福者也。故天灾地妖,所以儆人主者也;寤梦征怪,所以儆人臣者也。灾妖不胜善政,寤梦不胜善行。能如此者,至治之极也,唯明王达此。"公曰:"寡人不鄙固此,亦不得闻君子之教也。"

---

① 王志平:《〈孔子家语〉札记》,参见《学术集林》卷九,上海远东出版社1996年版,第119—131页。

此段文字又见于《说苑·敬慎》：

> 孔子曰："存亡祸福皆在己而已，天灾地妖亦不能杀也。昔者殷王帝辛之时，爵生乌于城之隅。工人占之曰：'凡小以生巨，国家必祉，王名必倍。'帝辛喜爵之德，不治国家，亢暴无极，外寇乃至，遂亡殷国。此逆天之时，诡福反为祸也。至殷王武丁之时，先王道缺，刑法弛，桑谷俱生于朝，七日而大拱。工人占之曰：'桑谷者，野物也。野物生于朝，意朝亡乎？'武丁恐骇，侧身修行，思昔先王之政，兴灭国，继绝世，举逸民，明养老之道；三年之后，远方之君重译而朝者六国。此迎天之时，得祸反为福也。故妖孽者，天所以警天子诸侯也；恶梦者，所以警士大夫也。故妖孽不胜善政，恶梦不胜善行也；至治之极，祸反为福。故《太甲》曰：'天作孽，犹可违；自作孽，不可逭。'"

二者大义基本相同，只是有些字句有所不同，两相比较，各有优劣。例如，《孔子家语·五仪解》中的"又其先世殷王太戊之时"，《说苑·敬慎》作"至殷王武丁之时"，从文章上来看，显然是《孔子家语·五仪解》为优，诚如向宗鲁先生所言："武丁在前，不得言'至'。《家语》云'又其先世殷王太戊之时'，虽太戊、武丁不同，于文为顺。"[1]《孔子家语·五仪解》的这段记载明确标明是鲁哀公咨询孔子的一段对话，而从《说苑·敬慎》看来则好像是孔子的一段独立论述，两相比较，似乎以《孔子家语·五仪解》为优。《说苑·敬慎》在此段末尾引《太甲》中的

---

[1] 向宗鲁：《说苑校证》，中华书局1987年版，第248页。

"天作孽，犹可违；自作孽，不可逭"为典据，与本段主题"存亡祸福皆在己而已，天灾地妖亦不能杀也"十分契合，而《孔子家语·五仪解》全篇皆找不到《太甲》这句话的踪影，两相比较，明显是《说苑·敬慎》为优。在这里，《孔子家语·五仪解》所载孔子提出的"存亡祸福皆己而已，天灾地妖不能加也"这一命题，尤其值得我们注意。加是施加、影响、改变的意思。《左传》宣公十五年曰："天反时为灾，地反物为妖。"孔子此语在《说苑·敬慎》中作"存亡祸福皆在己而已，天灾地妖亦不能杀也"，且亦记为"孔子曰"。相比之下，就整句话而言，是《说苑·敬慎》于文为优；而就"加"和"杀"而言，则是《孔子家语·五仪解》之"加"于义为优。由此可见，至少就这段文字看来，以前那种《孔子家语》乃抄袭《说苑》等传世文献而成的说法完全不能成立，问题远远不是这么简单，而更可能的是，两者各有渊源，或者是对同一个思想的不同传承。

## 五 《孔子家语·问玉》"夫昔者君子比德于玉"一章

《孔子家语·问玉》篇记载了一段孔子关于"君子比德于玉"的论述，其曰：

> 子贡问于孔子曰："敢问君子贵玉而贱珉，何也？为玉之寡而珉多欤？"孔子曰："非为玉之寡故贵之，珉之多故贱之。夫昔者君子比德于玉：温润而泽，仁也；缜密以栗，智也；廉而不刿，义也；垂之如坠，礼也；叩之，其声清越而长，其终则诎然，乐矣；瑕不掩瑜，瑜不掩瑕，忠也；孚尹旁达，信也；气如白虹，天也；精神见于山川，地也；圭璋特达，德也；天下莫不贵者，道也。《诗》云：'言念君子，

温其如玉。'故君子贵之也。"

此段又见于《礼记·聘义》和《荀子·法行》，《礼记·聘义》作：

  子贡问于孔子曰："敢问君子贵玉而贱碈者何也？为玉之寡而碈之多与？"孔子曰："非为碈之多故贱之也，玉之寡故贵之也。夫昔者君子比德于玉焉：温润而泽，仁也；缜密以栗，知也；廉而不刿，义也；垂之如队，礼也；叩之，其声清越以长，其终诎然，乐也；瑕不掩瑜，瑜不掩瑕，忠也；孚尹旁达，信也；气如白虹，天也；精神见于山川，地也；圭璋特达，德也；天下莫不贵者，道也。《诗》云：'言念君子，温其如玉。'故君子贵之也。"

《荀子·法行》作：

  子贡问于孔子曰："君子之所以贵玉而贱珉者，何也？为夫玉之少而珉之多邪？"孔子曰："恶！赐，是何言也？夫君子岂多而贱之、少而贵之哉？夫玉者，君子比德焉：温润而泽，仁也；栗而理，知也；坚刚而不屈，义也；廉而不刿，行也；折而不挠，勇也；瑕适并见，情也；扣之，其声清扬而远闻，其止辍然，辞也。故虽有珉之雕雕，不若玉之章章。《诗》曰：'言念君子，温其如玉。'此之谓也。"

三者相比较，可以看出，《孔子家语·问玉》和《礼记·聘义》极其相近，而和《荀子·法行》的差别比较大，相对而言，《孔子家语·问玉》和《礼记·聘义》于文为优，于义为长；《荀子·法行》文辞不整，义理艰涩难懂。从中可以明显看出，《孔子家语·问玉》和《礼记·聘义》属于一个传承系统，而《荀子·法行》则属于另一个不同的传承系统。就《孔子家语·问玉》和《礼记·聘义》两者来说，似乎以《孔子家语·问玉》更为朴素，于文为优，例如《孔子家语·问玉》中的"非为玉之寡故贵之，珉之多故贱之"一句，《礼记·聘义》多了两个"也"字，且顺序颠倒，与上下文不太契合。

## 六 《孔子家语·观周》"吾闻老聃博古知今"一章

《孔子家语·观周》篇曰：

孔子谓南宫敬叔曰："吾闻老聃博古知今，通礼乐之原，明道德之归，则吾师也，今将往矣。"对曰："谨受命。"遂言于鲁君曰："臣受先臣之命，云：孔子，圣人之后也，灭于宋，其祖弗父何，始有国而授厉公，及正考父佐戴、武、宣，三命兹益恭。故其鼎铭曰：'一命而偻，再命而伛，三命而俯，循墙而走，亦莫余敢侮，饘于是，粥于是，以糊其口。'其恭俭也若此。臧孙纥有言：'圣人之后，若不当世，则必有明德而达者焉。'孔子少而好礼，其将在矣。属臣曰：'汝必师之。'今孔子将适周，观先王之遗制，考礼乐之所极，斯大业也，君盍以乘资之？臣请与往。"公曰："诺。"与孔子车一乘，马二匹，竖子侍御，敬叔与俱。至周，问礼于老聃，访乐于苌弘，历郊社之所，考明堂之则，察庙朝之度。于是喟然曰："吾乃今知周公之圣，与周之所以王也。"及去周，老子送之曰："吾闻富贵者送人以财，仁者送人以言。吾虽不能富贵，而窃仁者之号，请送子以言乎！凡当今之士，聪明深察而近于死者，好讥议人者也；博辩闳达而危其身，好发人之恶者也。无以有己为人子者，无以恶己为人臣者。"孔子曰："敬奉教。"自周反鲁，道弥尊矣，远方弟子之进，盖三千焉。

《左传》昭公七年记载道：

三月，公如楚。郑伯劳于师之梁。孟僖子为介，不能相仪。及楚，不能答郊劳。……九月，公至自楚。孟僖子病不能相礼，乃讲学之，苟能礼者从之。及其将死也，召其大夫，曰："礼，人之干也。无礼，无以立。吾闻将有达者曰孔丘，圣人之后也，而灭于宋。其祖弗父何以有宋而授厉公；及正考父佐戴、武、宣，三命兹益共，故其鼎铭云：'一命而偻，再命而伛，三命而俯，循墙而走，亦莫余敢侮。饘于是，鬻于是，以糊余口。'其共也如是。臧孙纥有言曰：'圣人有明德者，若不当世，其后必有达人。'今其将在孔丘乎！我若获没，必属说与何忌于夫子，使事之，而学礼焉，以定其位。"故孟懿子与南宫敬叔师事仲尼。仲尼曰："能补过者，君子也。《诗》曰：'君子是则是效。'孟僖子可则效已矣。"

《史记·孔子世家》记述道：

鲁南宫敬叔言鲁君曰："请与孔子适周。"鲁君与之一乘车，两马，一竖子，俱适周问礼，盖见老子云。辞去，而老子送之曰："吾闻富贵者送人以财，仁人者送人以言。吾不能富贵，窃仁人之号，送子以言，曰：'聪明深察而近于死者，好议人者也。博辩广大危其身者，发人之恶者也。为人子者毋以有己，为人臣者毋以有己。'"孔子自周反于鲁，弟子稍益进焉。①

三者确实有相当大的联系，通过仔细比较，可以看出，《孔子家语·观周》绝非抄袭《左传》昭公七年和《史记·孔子世家》而成，原因是：其一，《孔子家语·观周》中的"圣人之后，若不当世，则必有明德而达者焉"一句，《左传》昭公七年作"圣人有明德者，若不当世，其后必有达人"，两者皆通，意涵有些差别，而以《孔子家语》于义为优，若《孔子家语》抄袭《左传》，则不可能出现这种情况；其二，《孔子家语·观周》篇中记载老子送孔子之言作"吾闻富贵者送人以财，仁者送人以言。吾虽不能富贵，而窃仁者之号，请送子以言乎！凡当今之士，聪明深察而近于死者，好讥议人者也；博辩闳达而危其身，好发人之恶者也。无以有己为人子者，无以恶己为人臣者"，而《史记·孔子世家》记之作"吾闻富贵者送人以财，仁人者送人以言。吾不能富贵，窃仁人之号，送子以言，曰：'聪明深察而近于死者，好议人者也。博辩广大危其身者，发人之恶者也。为人子者毋以有己，为人臣者毋以有己'"，相对而言，以《孔子家语·观周》于文为朴，于义为长，如果是《孔子家语》抄袭《史记》，那就不可能出现这种情况。

**七 《孔子家语·观周》"孔子观周，遂入太祖后稷之庙，庙堂右阶之前，有金人焉"一章**

《孔子家语·观周》篇记载了孔子与弟子在周太庙研习叹赏

---

① 《史记》卷四十七《孔子世家》。

《金人铭》的史事，其曰：

> 孔子观周，遂入太祖后稷之庙，庙堂右阶之前，有金人焉，三缄其口，而铭其背曰："古之慎言人也，戒之哉！无多言，多言多败；无多事，多事多患。安乐必戒，无所行悔。勿谓何伤，其祸将长；勿谓何害，其祸将大。勿谓不闻，神将伺人。焰焰不灭，炎炎若何；涓涓不壅，终为江河；绵绵不绝，或成网罗；毫末不札，将寻斧柯。诚能慎之，福之根也；口是何伤，祸之门也。强梁者不得其死，好胜者必遇其敌。盗憎主人，民怨其上，君子知天下之不可上也，故下之；知众人之不可先也，故后之；温恭慎德，使人慕之；执雌持下，人莫逾之。人皆趋彼，我独守此；人皆或之，我独不从。内藏我智，不示人技；我虽尊高，人弗我害。谁能于此？江海虽左，长于百川，以其卑也；天道无亲，而能下人。戒之哉！"孔子既读斯文也，顾谓弟子曰："小子识之！此言实而中，情而信。《诗》曰：'战战兢兢，如临深渊，如履薄冰。'行身如此，岂以口过患哉？"

此段文字又见于《说苑·敬慎》：

> 孔子之周，观于太庙。右陛之前，有金人焉，三缄其口，而铭其背曰："古之慎言人也。戒之哉！戒之哉！无多言，多言多败；无多事，多事多患。安乐必戒，无行所悔。勿谓何伤，其祸将长；勿谓何害，其祸将大；勿谓何残，其祸将然。勿谓莫闻，天妖伺人。荧荧不灭，炎炎奈何；涓涓不壅，将成江河；绵绵不绝，将成网罗；青青不伐，将寻斧柯。诚不能慎之，祸之根也；曰是何伤，祸之门也。强梁者不得其死，

好胜者必遇其敌，盗怨主人，民害其贵。君子知天下之不可
盖也，故后之、下之，使人慕之，执雌持下，莫能与之争者。
人皆趋彼，我独守此；众人惑惑，我独不从；内藏我知，不
与人论技；我虽尊高，人莫我害。夫江河长百谷者，以其卑
下也。天道无亲，常与善人。戒之哉！戒之哉！"孔子顾谓弟
子曰："记之！此言虽鄙，而中事情。《诗》曰：'战战兢兢，
如临深渊，如履薄冰。'行身如此，岂以口遇祸哉？"

两者文字义理基本一致，我们可以稍作比较：《孔子家语》中的
"诚能慎之，福之根也"，《说苑》作"诚不能慎之，祸之根也"；
《孔子家语》中的"君子知天下之不可上也，故下之；知众人之不
可先也，故后之"，《说苑》作"君子知天下之不可盖也，故后之、
下之"；《孔子家语》中的"执雌持下，人莫逾之"，《说苑》作
"执雌持下，莫能与之争者"；《孔子家语》中的"人皆趋彼，我
独守此；人皆或之，我独不从"，《说苑》作"人皆趋彼，我独守
此；众人惑惑，我独不从"；《孔子家语》中的"我虽尊高，人弗
我害"，《说苑》作"我虽尊高，人莫害我"；《孔子家语》中的
"此言实而中，情而信"，《说苑》作"此言虽鄙，而中事情"。相
对而言，《孔子家语》显得更为朴素古拙。朱渊清先生就此指出：
"《说苑》与《孔子家语》两段文字几乎一致，有着相同来源固不
待言。……抛开《说苑》和《孔子家语》两者之间孰先孰后的传
统认知，这两段文字有着一些细小但确实可以比较的差别。……
《孔子家语》语言不及《说苑》修饰齐整，而显得质朴本色。"[①]

---

① 朱渊清：《〈金人铭〉研究——兼及〈孔子家语〉编定诸问题》，http://
tieba.baidu.com/f? kz=134315919。

朱先生又提醒我们说："《孔子家语·观周》讲孔子入周史事。孔子观周而作《春秋》应该是孔子入周史事的最基本内容，《史记·十二诸侯年表序》：孔子'西观周室，论史记旧闻，兴于鲁而次《春秋》，上记隐，下至哀之获麟，约其辞文，去其烦重，以制义法，王道备，人事浃。七十子之徒口受其传指，为有所刺讥褒讳挹损之文辞不可以书见也。鲁君子左丘明惧弟子人人异端，各安其意，失其真，故因孔子史记具论其语，成《左氏春秋》。'此段文字内容《汉书·艺文志》亦有记载。清末王仁俊《家语佚文》从《左传序》正义中辑佚到这则资料。《左传序》正义：'沈氏云，《严氏春秋》引《观周》篇云："孔子将修《春秋》，与左丘明乘如周，观书于周史，归而修《春秋》之经，丘明为之传共为表里。"'但今本《孔子家语·观周》中却没有这个内容。"① 如果是《孔子家语》抄袭《史记》，那么，出现这种情况的可能性应该是极小的。

**八　《孔子家语·子路初见》"子路将行，辞于孔子"一章**

《孔子家语·子路初见》篇的第二章以"子路将行"开头，记载了子路与孔子的一段问答：

子路将行，辞于孔子。子曰："赠汝以车乎？赠汝以言乎？"子路曰："请以言。"孔子曰："不强不达，不劳无功，不忠无亲，不信无复，不恭失礼。慎此五者而矣。"子路曰："由请终身奉之。敢问亲交取亲若何？言寡可行若何？长为善

---

① 朱渊清：《〈金人铭〉研究——兼及〈孔子家语〉编定诸问题》，http://tieba.baidu.com/f? kz = 134315919。

士而无犯若何?"孔子曰:"汝所问苞在五者中矣。亲交取亲,其忠也;言寡可行,其信乎;长为善士而无犯,于礼也。"

与此相类同的内容又见于《说苑·杂言》:

> 子路行,辞于仲尼,曰:"敢问新交取亲若何?言寡可行若何?长为善士而无犯若何?"仲尼曰:"新交取亲,其忠乎?言寡可行,其信乎?长为善士而无犯,其礼乎?"子路将行,辞于仲尼。曰:"赠汝以车乎?以言乎?"子路曰:"请以言。"仲尼曰:"不强不远,不劳无功,不忠无亲,不信无复,不恭无礼。慎此五者,可以长久矣。"

两个文本的确非常相近,故《家语》这段文字有抄袭《说苑》的嫌疑,是"伪书"论者所持王肃伪造《家语》的证据之一。我们认为,从以下两个方面来看,《家语》并非抄《说苑》而来。其一,《家语》本优于《说苑》本。《家语》"子路将行"章首句为"子路将行,辞于孔子。子曰:'赠汝以车乎?赠汝以言乎'";《说苑》此句作"子路将行,辞于仲尼。曰:'赠汝以车乎?以言乎。'"《说苑》句中"曰"字缺少主语。无论是对比《家语》,还是推求文义,这里"曰"的主语都是孔子,所以向宗鲁校证"'仲尼'下当重'仲尼'二字"①。为什么《说苑》本少了"仲尼"二字呢?我们可以从出土文献得到线索。河北定州八角廊40

---

① (汉)刘向撰,向宗鲁校证:《说苑校证》,中华书局1987年版,第431页。

号汉墓出土的一批竹简，抄写下限是汉宣帝五凤三年（公元前55年）①，早于刘向整理《说苑》（按：刘向奉旨校书是在汉成帝河平三年，公元前26年②）。其中整理者定名为"儒家者言"的竹简当中有"路行辞于孔458……孔＝子＝曰曾（赠）若以车乎38……言乎子路请以言孔［子曰不彊不］706"③这样一段话，刚好同《家语》及《说苑》相合。《儒家者言》简中的"孔子"是加重文号的。所以，很可能《说苑》讹脱重文号，致使孔子的话失却主语。这段内容还有西汉前期的材料相印证。安徽阜阳双古堆出土的章题木牍，抄写下限是汉文帝十五年（公元前165年）④，其中一号木牍背面第44号章题是"子路行辞中＝尼＝曰曾（赠）女以车"。⑤"中尼"二字也是加重文号的，证明了汉初就有这段对话在流传，而且表述方式已经基本定型。由此可见《说苑》讹误而《家语》正确，《家语》优于《说苑》，故《家语》不可能抄自《说苑》。……再从用字上来看，《家语》亦优于《说苑》。《家语》本孔子赠子路的五句话中头一句是"不强不达"，《说苑》本则是"不强不远"。向宗鲁认为"当从《家语》作'达'"⑥，胡平生指出："《说苑》'达'作'远'，意义显然

---

① 河北省文物研究所：《河北定县40号汉墓发掘简报》，《文物》1981年第8期。
② 钱穆：《刘向歆父子年谱》，《先秦诸子系年》（外一种），河北教育出版社2002年版，第763—764页。
③ 国家文物局古文献研究室、河北省博物馆、河北省文物研究所定县汉墓竹简整理组：《〈儒家者言〉释文》，《文物》1981年第8期。
④ 安徽省文物工作队、阜阳地区博物馆、阜阳县文化局：《阜阳双古堆西汉汝阴侯墓发掘简报》，《文物》1978年第8期。
⑤ 安徽省阜阳市博物馆韩自强、刘海超、韩朝：《西汉汝阴侯一号木牍〈儒家者言〉章题释文》，《"百年来简帛发现与研究暨长沙吴简国际学术研讨会"论文》，第3页。
⑥ （汉）刘向撰，向宗鲁校证：《说苑校证》，中华书局1987年版，第431页。

不如《家语》"①，因为《家语》王肃注云"不以强力，不能自达"。我们认为，《说苑》将"达（達）"作"远（遠）"，当是形近而讹。因此，就"子路将行"章而言，《家语》本较《说苑》为好。其二，《家语》本源自先秦。上海博物馆藏战国楚简有《子路初见》的内容。遗憾的是，由于该篇尚未整理出版，我们无法知道更详细的资料，只能就濮茅左文中所提及的内容进行研究："子路游于齐，中退而复问于孔子曰：'交亲而取亲，为之如何？言约而足用也，为之如何？……'孔子曰：……"②《家语》中和楚简相关的文字（见上文）在"子路将行"章的后半段"敢问亲交取亲若何"等（前半段内容姑且称之为"赠汝以车"）；《说苑》中相关的部分"敢问新交取亲若何"云云则是另成一章（见上文）且次序是在"赠汝以车"章的前面。《说苑》篇目的顺序是刘向编排的。《说苑·序奏》说："护左都水使者光禄大夫臣向言：所校中书《说苑杂事》，及臣向书、民间书、诬校雠，其事类众多，章句相溷，或上下谬乱，难分次序。除去与《新序》复重者，其余者浅薄，不中义理，别集以为百家，后令以类相从，一一条别篇目，更以造新书十万言以上，凡二十篇，七百八十四章，号曰《新苑》，皆可观。"③刘向采取这样的编排次序是有根据的。阜阳章题木牍上也有一个章题为"子路行辞中尼敢问新交取亲"，这个题目是阜阳双古堆墓一号木牍正面第19号章题，其位次在上引"子路行辞中=尼=曰曾（赠）女以车"章（一号章题木牍背面第44号）之前。可见西汉早期已有两段

---

① 胡平生：《阜阳双古堆汉简与〈孔子家语〉》，载袁行霈主编《国学研究》第七卷，北京大学出版社2000年版，第534页。
② 濮茅左：《关于上海战国竹简中"孔子"的认定——论〈孔子诗论〉中合文是"孔子"而非"卜子""子上"》，《中华文史论丛》，2001年第3辑，第29页。
③ （汉）刘向撰，向宗鲁校证：《说苑校证》，中华书局1987年版，第1页。

内容各自独立的传本，且其次序为赠言在答疑之后。这种叙述次序虽然与西汉前期的出土文献相吻合，但并非故书原貌。因为上博所藏的战国本就不是这样。上博藏《子路初见》简虽然目前公布有限，但是这已经透露出了一些至关重要的信息——"子路游于齐，中退而复问于孔子曰"句中"子路游于齐"照应"子路将行"，"中退而复问"则表明这段交亲取亲、言约足用的对话是师生之间关于同一主题的第二次问答了。这种叙述次序在西汉已演变为"新交取亲"章在前"赠汝以车"章在后（见阜阳木牍和《说苑》），而楚简的叙述次序与《孔子家语》是一致的。这说明《家语》的来源更为古老。马承源先生曾经明确指出，"两次请中国科学院上海原子核研究所对竹简作了历史年代测定，由超灵敏小型回旋加速器质谱仪测出竹简距今时间为 2257±65 年"。则经科学方法测定的竹简年代，是公元前 324—前 194 年。[①] 考虑到秦白起拔郢，楚迁都后，"楚贵族墓完全绝迹""公元前 278 年以后的战国晚期晚段墓葬里，则只见秦系文字"等因素[②]，《子路初见》简的抄写年代范围是公元前 324—前 278 年。《子路初见》篇的成书年代则要更早，因为它还有一个抄写、流传的过程。上博简这条材料证明了《家语》材料传自先秦。退一步讲，即使《家语》从他书抄取材料，《说苑》也并非首选。因为从书的性质来看，《说苑》本身就是刘向编辑而成的一部书，其中的记载各有所本，而不以《说苑》为第一出处。故他书若想取用这些材料，以原书为依据的合理性和可能性比较大，相对而言，以

---

[①] 朱渊清：《马承源先生谈上博简》，载朱渊清、廖名春编《上博馆藏战国楚竹书研究》，上海书店出版社 2002 年版，第 3 页。
[②] 刘彬徽：《关于郭店楚简年代及相关问题的讨论》，载李学勤、谢桂华编《简帛研究 2001》，广西范大学出版社 2001 年版，第 50 页。

《说苑》为材料来源的可能性则小些。传世文献与《家语·子路初见》篇"子路将行"章相类的记载只见于《说苑》，经过上文的分析，《家语》这一章不大可能抄自《说苑》，应该有更早的来源。与上博藏战国楚简对照，《家语》这段话保留古貌，当传自先秦。①

仅从以上所举几例即可明显看出，就文献价值而言，《孔子家语》有许多地方胜过其他相关古籍，可以用来勘正其他文献所载史实及相关文字的讹误，弥补其他文献记载的阙略，具有不可替代的重要价值，应当给予充分重视。其实，不少前贤早已注意到这一点。如《孔子家语·大婚解》曰："夫其行己不过乎物，谓之成身。不过乎，合人道也。"而《礼记·哀公问》此处仅有"不过乎物"四个字，于义不确。故朱熹明言："以上下文推之，当从《家语》。"② 再如《孔子家语·贤君》有"孔子见宋君"云云，《说苑·政理》作"仲尼见梁君"。清代学者俞樾指出："仲尼时无梁君，当从《家语》作'宋君'为是。"③ 又如《孔子家语·七十二弟子解》记樊须"少孔子四十六岁"，《史记》作"三十六岁"。考《左传》哀公十一年，季氏以"须也弱"为由，不同意樊须为车右。据《礼记·曲礼上》"二十曰弱"，当时孔子六十八岁，樊须则在二十岁左右，因此《家语》"少孔子四十六岁"更为可信。另外，《王言解》《问玉》等篇也保存了一些古代逸书的片段，可谓弥足珍贵。④

由《孔子家语》与传世文献的这些比较，我们可以得出结

---

① 参见张岩《〈孔子家语〉之〈子路初见〉篇、〈论礼〉篇研究》，硕士学位论文，清华大学人文社会科学学院，2004年，第9—12页。
② 孙希旦《礼记集解》引。
③ 向宗鲁：《说苑校证》，中华书局1987年版，第153页。
④ 参见张涛《孔子家语注译》，三秦出版社1998年版，前言第3页。

论：先秦两汉典籍流通传抄情况极为复杂，且去今久远，难以准确把握，各种古籍之间有些类同乃是正常现象，只以文字上的相近类同即视为抄袭是根本站不住脚的，也是不明古书通例而导致的错误看法。宋代学者黄震早已就此指出：

> 孔子之言散见于经，不独《论语》也。他如《庄》《荀》诸书，以及诸子百家亦多传述，第记载不同，辞气顿异，往往各肖所记者之口吻，几有毫厘千里之谬。至《家语》，莫考纂述何人，相传为孔子遗书，观《相鲁》《儒行》及《论礼》等篇，揆诸圣经，若出一辙，乃篇中似尚有可疑之处，盖传闻异辞，述所传闻又异辞，其间记载之不同，亦无足怪。或有竟疑是书为汉人伪托，此又不然。然全信为圣人之言，则亦泥古太深。夫去圣已远，何从质证？千载而下，倘有任道者出，体认微言，阐扬奥旨，与《庄》《荀》及诸子百家所传述，节而汇录之，另为一书，其有功于圣门，匪浅鲜矣。①

当代学者简博贤同样提出："若谓孔传见于《家语》《孔丛子》，遂谓王肃一手伪作；则凡见于《家语》《孔丛子》之书，岂亦王肃一手伪作乎？知必不然矣。"② 郭沂经过仔细的文献学和思想史研究，也得出结论说，就现存《论语》类文献而言，"从中不难发现，许多史料彼此互见。对此，过去人们一般认为，不是甲抄自乙，就是乙抄自甲。其实，孔子言行'当时弟子各有所记'，

---

① （宋）黄震：《黄氏日抄》，台北：大化书局1984年版，第437页。
② 简博贤：《今存三国两晋经学遗籍考》，台北：三民书局1986年版，第212页。

自然难免互有重复，后来各派都有自己的传承系统，就理所当然地将这种重复的现象也保留了下来。所以，各种《论语》类文献彼此互见的情况，并不一定就是某书抄自某书。"① 因此，我们只能说，今本《孔子家语》与其他先秦秦汉古籍多有类同的原因，"乃因今本《孔子家语》一书，殆非一时一地一人所作"②，而其所采据的资料亦当极其繁富，且时代跨度很大，流传过程又颇多周折，但其大部分内容有着比我们通常想象的更加古老的可靠依据。

## 第三节　从《孔子家语》的词句看其真伪

一些疑古派学者主张《孔子家语》是一部伪书的一个"有力"证据是，《孔子家语》中的许多名词术语并非先秦儒家所有，此即足证《孔子家语》乃出于汉魏人之手伪托的作品。王志平在《〈孔子家语〉札记》③ 中已经对这些问题有所论及，我们认为王先生的这些考证工作有助于澄清一个事实，那就是，《孔子家语》所依据的材料有相当古老的来源，绝非曹魏时代的王肃一人一时所能伪造。下面我们就以王志平的工作为主要参考展开讨论。

### 一　《孔子家语·好生》"君子而强气则不得其死"一语

《孔子家语·好生》篇有"孔子谓子路曰：'君子而强气则不得其死，小人而强气则刑戮荐臻'"一章，有些注本，如明代学

---

① 郭沂：《郭店竹简与先秦学术思想》，上海教育出版社2001年版，第361页。
② 姜赞洙：《〈孔子家语〉研究》第三章第一节，硕士学位论文，台湾"国立"政治大学中国文学研究所，1999年。
③ 王志平：《〈孔子家语〉札记》，载《学术集林》卷九，上海远东出版社1996年版，第119—131页。

者何孟春的《孔子家语补注》，由于未见善本，竟然没有这一段文字。清代学者获见毛氏汲古阁所藏宋版蜀大字本，所以多数都有这一段文字，但陈士珂《孔子家语疏证》于此无注，范家相《家语证伪》认为"未知所本"，孙志祖《家语疏证》则认为"此袭《论语》'君子有勇而无义则乱，小人有勇而无义则盗'（引者按：见《论语·阳货》）语意"，[1] 实际上也没有找出其真正的出处。

  对此，王志平则明确指出："这段话与《墨子》佚文语意极其相似"，"此语亦见《淮南子·道应训》及《文子·下德篇》。'君子而强气则不得其死'与《老子》四十二章'强梁者不得其死'同意。'强梁'，帛书《老子》甲本作'强良'，殆通假字，古籍亦多见。如《墨子·公孟》：'有游于子墨子之门者，身体强良。''强梁'，河上公曰：'强梁者，谓不信玄妙，背道叛德，尚势任力也。'《庄子·山木篇》'从其强梁'《释文》作'多力也'，而《诗·大雅·荡》毛氏《传》'强御，强梁御善也'，孔《疏》即以为：'强梁，任威使气之貌。''不得其死'，河上公曰：'谓兵刃所伐，王法所杀，不得以命死也。'所以认为'君子而强气则不得其死'与'强梁者不得其死'同义应该不成问题。而《说苑·敬慎》及《孔子家语·观周》均有'强梁者不得其死，好胜者必遇其敌'的话，而以为是周《金人铭》语。不论此说是否属实，即使从《老子》来看，'君子而强气则不得其死'也是渊源有本的。"[2] 由此可知，早在先秦时期，典籍中已多有类似"君子而强气则不得其死"的术语或思想，这应该是当时颇为

---

[1] 孙志祖：《家语疏证》卷一。
[2] 王志平：《〈孔子家语〉札记》，载《学术集林》卷九，上海远东出版社1996年版，第119—131页。

流行的一种观念。

**二　《孔子家语·好生》"荐臻"一词**

对于《孔子家语·好生》"君子而强气则不得其死，小人而强气则刑戮荐臻"一句中的"荐臻"（臻：一作"蓁"）一词，日本学者太宰纯《孔子家语增注》云："荐与荐通，重也。臻，至也。"清代曹廷栋《逸语》卷二《行己篇》亦录有此语，唯"荐"作"洊"，其注谓："君子、小人，以位言。强气者，暴戾之气。洊，仍也。臻，至也。谓刑戮相随也。暴戾之气未必害人，而适以害己。虽贵贱不同，俱无以自免耳。"在其他先秦典籍中也有相类似的用法，如《诗·大雅·云汉》"饥馑荐臻"《毛传》曰："荐，重；臻，至也。"又《国语·楚语下》"祸灾荐臻"韦昭注曰："荐，重也；臻，至也。"一作"荐至"。《左传·襄公二十二年》"不虞荐至"《注》曰："荐，仍也。"《史记·历书》"祸灾荐至"《索隐》曰："荐，集也。"其实，"荐"当从《尔雅·释诂》"荐，臻也"或《广雅·释诂》"荐，至也"之训。王治平由此推论说"荐臻""也是先秦古语"。[①] 此说严谨有据，可以信从。

**三　《孔子家语·论礼》"敢问何谓三无"一章**

《孔子家语·论礼》有一段记载孔子论述"三无"的内容，其曰：

---

[①] 王志平：《〈孔子家语〉札记》，载《学术集林》卷九，上海远东出版社1996年版，第119—131页。

子贡曰:"敢问何谓三无?"孔子曰:"无声之乐,无体之礼,无服之丧,此之谓三无。"子夏曰:"敢问三无何诗近之?"孔子曰:"夙夜基命宥密,无声之乐也;威仪逮逮,不可选也,无体之礼也;凡民有丧,扶伏救之,无服之丧也。"子夏曰:"言则美矣,大矣,言尽于此而已?"孔子曰:"何谓其然?吾语汝,其义犹有五起焉。"子贡曰:"何如?"孔子曰:"无声之乐,气志不违;无体之礼,威仪迟迟;无服之丧,内恕孔悲;无声之乐,所愿必从;无体之礼,上下和同;无服之丧,施及万邦。既然而又奉之以三无私,而劳天下,此之谓五起。"

**此段又见于《礼记·孔子闲居》:**

子夏曰:"五至既得而闻之矣,敢问何谓三无?"孔子曰:"无声之乐,无体之礼,无服之丧,此之谓三无。"子夏曰:"三无既得略而闻之矣,敢问何诗近之?"孔子曰:"'夙夜其命宥密',无声之乐也。'威仪逮逮,不可选也',无体之礼也。'凡民有丧,匍匐救之',无服之丧也。"子夏曰:"言则大矣!美矣!盛矣!言尽于此而已乎?"孔子曰:"何为其然也!君子之服之也,犹有五起焉。"子夏曰:"何如?"子曰:"无声之乐,气志不违;无体之礼,威仪迟迟;无服之丧,内恕孔悲。无声之乐,气志既得;无体之礼,威仪翼翼;无服之丧,施及四国。无声之乐,气志既从;无体之礼,上下和同;无服之丧,以畜万邦。无声之乐,日闻四方;无体之礼,日就月将;无服之丧,纯德孔明。无声之乐,气志既起;无体之礼,施及四海;无服之丧,施于孙子。"

重见天日的上博楚简《民之父母》亦曰：

> 孔子曰："三无乎！无声之乐，无体之礼，无服之丧：君子以此横于天下。系耳而听之，不可得而闻也；明目而视之，不可得而见也；而志气塞于四海矣。此之谓三无。"

这段文字各本有些差异。"君子以此横于天下"一句，传世本《礼记·孔子闲居》《孔子家语·论礼》皆无；"系耳而听之"等五句，传世本用于描述五至，而不像《民之父母》这样用于形容"三无"。仅就这段文字的三个版本来鉴别这几个句子，是无法做出明确判断的。幸好《大戴礼记·王言》中有一节相似论述，可以用作参照，其曰：

> 昔者明主内修七教，外行三至。七教修焉可以守，三至行焉可以征。七教不修，虽守不固；三至不行，虽征不服。是故明主之守也，必折冲乎千里之外；其征也，衽席之上还师。……敢问何谓三至？孔子曰：至礼不让而天下治，至赏不费而天下之士悦，至乐无声，而天下之民和。

与《民之父母》的"五至三无"相仿佛，《大戴礼记》有所谓"七教三至"。它宣称，明主内修七教乃"可以守"，外行三至则"可以征"。这与《民之父母》的五至"以正"己、三无"以横于天下"，亦颇为契合。尤其是《大戴礼记》的"三至"（至礼不让，至赏不费，至乐无声），基本上就是《民之父母》的"三无"之意。因而，据此来校正不同版本的"五至三无"说，应该具有相当的可信性。根据《大戴礼记》的"外行三至"，我们似乎可以推定:"君子以此横于天下"的"此",指的应该就是"三无";视之不见、听之不闻却能塞于四海者,也应该就是"三无"中的"无"。《民之父母》的这一节文字,较之《礼记》《家语》的相关部分,读起来更为顺畅一些,后者恐系传抄致误。我们看到的是,"三无"所谓的"无声之乐,无体之礼,无服之丧",与道家所谓的"大方无隅,大器晚成,大音希声,大象无形,道隐无名"①"至礼不人,至义不物,至知不谋,至仁无亲,至信辟金"②之类,简直如出一辙。因而其所谓的"三无",便不是说乐不需有声,礼不得有体,丧不能有服,而是说此声、此体、此服,都不过是些现象上的有而已,是暂时的,相对的,有待超越的。乐声再响,能绕梁三日,也终有尽时;礼仪虽盛,呈文章七彩,亦不能永存。于是他们就相信,唯有那藏在万有背后、使万有得以存在的"灵魂",那个"无",或曰那个气志,才能无远弗届,塞于天地,充于四海,恒存久在。由此往后,儒、道两家便逐渐分道扬镳了。道家认为,既然万有都是有限的,只能充当认识无限的阶梯,那么,一旦认识到了无限,这有限便可以扬弃也应该扬弃了,这就叫作"以万物为刍狗",叫作"绝仁弃义""绝圣弃智",叫作"得鱼忘筌""离形去知"。儒家却不然,他们虽然也主张以"三无"而不是以"三有"横于天下,却并不因之便废弃礼乐本身;相反,他们主张有无并举,强调气志兼重,以便从实在的礼乐中去把握无声无体之无。这就是《家语》中所反复咏叹的"五起"的真谛所在,以及其所以反复咏叹"五起"之用心所在。作为实践理性主义者,儒家是时刻注意着理论的可操作性

---

① 《老子》四十一章。
② 《庄子·庚桑楚》。

的，以便把来源于实践的理论再落实于实践当中。道家倡无，意在超尘拔俗、扬弃一切，而且首先是为了批判已经严重形式化的仁、义、礼、乐之类的虚伪教化；儒家也跟着主张"三无"，则试图以此"无"来匡正天下，以真诚推行仁、义、礼、乐之类的教化于天下。① 就《孔子家语》的真伪疑案来说，上博楚简《民之父母》的重现意义更是不可估量，庞朴先生就此指出："上博藏简《民之父母》篇的公布，消除了多年来对《礼记》《家语》中'五至三无'说的怀疑，使我们可以放心地将它当做孟庄以前儒家论题来看待，探讨它在学术史上的地位和价值了。"②

## 四 《孔子家语》的"五帝"说

《孔子家语》的"五帝"说有两个：一个是《五帝德》篇记载孔子说"五帝用说，三王有度"，而宰我请教孔子，孔子依次答复的实际上是黄帝、颛顼、帝喾、尧、舜、禹六位古代帝王；另一个是《五帝》篇记载季康子请教孔子"何谓五帝"，孔子曰：

> 昔丘也闻诸老聃曰：天有五行，水火金木土，分时化育，以成万物，其神谓之五帝。古之王者，易代而改号，取法五行。五行更王，终始相生，亦象其义。故其为明王者，而死配五行，是以太皞配木，炎帝配火，黄帝配土，少皞配金，颛顼配水。

其中明确以太皞、炎帝、黄帝、少皞、颛顼为五帝，并以之与五

---

① 这里多参考庞朴《再说"五至三无"》，http：//www.jianbo.org/Wssf/2003/pangpu03.htm。

② 庞朴：《再说"五至三无"》，http：//www.jianbo.org/Wssf/2003/pangpu03.htm。

行相配。《孔子家语》这两篇的记载原本没有任何问题，而现代疑古派领袖顾颉刚则认为《五帝德》篇所记载的孔子说的黄帝、颛顼、帝喾、尧、舜也是一个五帝系统，这与《五帝》篇的说法"截然不同，然而会得并存于《家语》，会得并出于孔子之口，会得成为联接的两篇，这岂非大怪事"①！并以此作为《孔子家语》乃是"乱抄一阵而编成"的伪书的一个佐证。在这里，顾先生对《五帝德》篇的误读是极为明显的。退一万步说，即使按照顾先生的理解，认为《孔子家语》这两篇存在有两个"截然不同"的五帝系统，而这一"大怪事"正好说明：《孔子家语》具有史料性、朴素性，没有经过太多人为的编辑加工。否则，20世纪的顾先生以为的"大怪事"，从西汉的孔安国到曹魏的王肃竟然没有察觉，这也太有悖常理了吧！杨朝明先生主编的《孔子家语通解》指出："在本篇中，孔子一开始就说'昔丘也闻诸老聃'，可见，这一五帝系统来源于楚地。楚地神话色彩浓厚，著名'绝地天通'的传说就源于楚地。因此，本文比《孔子家语·五帝德》具有更多的神性色彩。……本篇记孔子论五帝，而与《家语·五帝德》中孔子所说五帝不同，说明春秋时期人们已经对于古代传说进行整理，只是由于地域、文化、民族诸多因素的影响，而产生了不同的五帝系统。以孔子之博闻，听到两种五帝系统不足为奇。"② 其中也以《五帝德》篇所记载的孔子说的黄帝、颛顼、帝喾、尧、舜是另一个五帝系统，可能受到了顾先生的影响。

## 五 《孔子家语·问玉》"入其国，其教可知也"一章

《孔子家语·问玉》篇记载有一段关于孔子对儒家六经的论

---

① 顾颉刚：《中国上古史研究讲义》，中华书局1988年版，第334页。
② 杨朝明主编：《孔子家语通解》，万卷楼图书股份有限公司2005年版，第291页。

述，其曰：

> 孔子曰："入其国，其教可知也。其为人也，温柔敦厚，《诗》教也；疏通知远，《书》教也；广博易良，《乐》教也；洁静精微，《易》教也；恭俭庄敬，《礼》教也；属辞比事，《春秋》教也。故《诗》之失愚，《书》之失诬，《乐》之失奢，《易》之失贼，《礼》之失烦，《春秋》之失乱。其为人也，温柔敦厚而不愚，则深于《诗》者矣；疏通知远而不诬，则深于《书》者矣；广博易良而不奢，则深于《乐》者矣；洁静精微而不贼，则深于《易》者矣；恭俭庄敬而不烦，则深于《礼》者；属辞比事而不乱，则深于《春秋》者矣。"

此段又见于《礼记·经解》篇，除了极个别的字词略有异文之外，几乎完全相同，所以很难说是谁抄谁，但我们可以由此讨论六经的成立时间这一儒家乃至整个中国思想史的重要问题。关于儒家六经成立的时间，很多学者认为较晚，甚至认为晚到秦汉。郭店楚简《六德》提到了儒家六经之次，以《易》与《诗》《书》《礼》《乐》《春秋》相并列，且其六经次序与《庄子·天运》《天下》完全一致。郭店楚简《语丛一》有论述诸经要旨相当精辟的几句话，廖名春连缀为："《诗》所以会古今之诗也者，[《书》者所以会]□□□□者也，[《礼》所以会]□□□□[也，《乐》所以会]□□□□[也]，《易》所以会天道人道也。《春秋》所以会古今之事也。"[①] 虽然目前关于其次序和内容尚有不同

---

① 廖名春：《荆门郭店楚简与先秦儒学》，《中国哲学》第20辑，辽宁教育出版社1999年版，第36—74页。

意见①，但其以《易》与《诗》《春秋》相并列则是显而易见的。《语丛一》显然是摘录性作品，其源作当是流传时间较长的权威性典籍。这就为六经成立的早出说再添一强证。李学勤先生据此指出："看来战国中期儒家确实已有这种说法。"② 廖名春先生同样认为："从荆门楚简、马王堆帛书、《庄子》《礼记》《史记》等一系列出土文献和传统文献的记载看，早在先秦时代，《周易》就已经入经，而且儒家的学者已展开了对它的研究，这应是不争的事实。"③ 因此，以前学者因误认为六经成立时间较晚而否认《礼记·经解》和《孔子家语·问玉》这段材料的可靠性的看法，现在看来自然是靠不住了，而《礼记·经解》和《孔子家语·问玉》这段材料的可靠性则日益为学界所认可了。

由此可见，今本《孔子家语》有不少字词与语句也同时出现在其他先秦两汉的古籍中，迄今我们并没有确凿证据来判定《孔子家语》抄袭了其他古籍，而由于今本《孔子家语》中出现了不少先秦时期的通用语汇，所以我们可以肯定的是，今本《孔子家语》中至少有相当大的一部分篇幅不可能成于曹魏时期及以后。

---

① 郭店楚简整理者连缀为："《易》所以会天道人道也。《诗》所以会古今之诗也者。《春秋》所以会古今之事也。《礼》，交之行述也。《乐》，或生或教者也。……者也。"（荆门市博物馆：《郭店楚墓竹简》，文物出版社1998年版，第194—195页）李零连缀为："《诗》，所以会古今之诗也者。[《书》，□□□]者也。《礼》，交之行述也。《乐》，或生或教者也。《易》，所以会天道、人道也。《春秋》，所以会古今之事也。"（《郭店楚简校读记》，《道家文化研究》第17辑，第533页）

② 李学勤：《郭店楚简与儒家经籍》，《中国哲学》第20辑，第18—21页。

③ 廖名春：《从荆门楚简论先秦儒家与〈周易〉的关系》，《国际易学研究》第4辑，第314页。

## 第四节　据传统辨伪方法以考察
## 《孔子家语》的真伪

　　从宋代开始，疑古思潮逐渐蔚然成风，直至现代，更有疑古派集其大成。在这个疑古的历史过程中，有一个重大的成果，那就是形成了一整套古籍的辨伪方法。这套方法是一把双刃剑，如果用得好，则可以帮助我们对古籍的形成和流传过程有一个清楚的把握；而如果用不好，不懂古书通例而以这套辨伪方法去考证古籍的话，则会把一大批原本可靠的古籍判为伪书，使我们在中国学术思想史的研究中与之失之交臂，陷入坐井观天、捉襟见肘的尴尬处境。《孔子家语》的历史遭遇就清楚地说明了这一点。本节就试图依据传统的辨伪方法来较为系统地考察《孔子家语》的真伪问题。

　　刘兆佑先生指出："辨伪方法很多，其中最常见之方法，即据目录以辨之，盖目录多有辨伪资料。"[①] 郑良树先生同样提出："班固撰著《汉书·艺文志》，实际上是以刘歆的《七略》为底本，而刘歆的《七略》却又是根据其父刘向的《别录》，因此，说它和《别录》有很密切的渊源，书中若干辨伪原理和方法是本诸《别录》及《七略》，恐怕没有差错。"[②] 晚明学者胡应麟著有《四部正讹》，提出了较为系统的辨伪方法，其曰："凡核伪书之道，核之《七略》以观其源，核之群志以观其绪，核之并世之言以观其称，核之异世之言以观其述，核之文以观

---

[①] 刘兆佑：《中国目录学》，台北：五南图书出版公司1998年版，第10页。
[②] 郑良树：《古籍辨伪学》，台湾学生书局1986年版，第233页。

其体，核之事以观其时，核之撰者以观其托。核兹八者，而古今赝籍无隐情矣。"① 梁启超在《古书真伪及其年代》中，进一步提出了较为系统严密的辨伪方法，大体可以归纳为两个系统：一是"就传授统绪上辨别"，二是"就文义内容上辨别"。②

上述这些辨伪方法确实是考察古书真伪的基本方法。不过，我们认为，目前学者对"辨伪"的理解已经不同于传统学者，所以如果现在仍然用传统的"辨伪"概念和方法来处理《孔子家语》，恐怕就不太合适了。即使如此，用传统的辨伪方法来考察一下《孔子家语》，我们也可以获得一些新的启发，具体如下所述。

第一，胡应麟的"核伪书之道"，以"核之《七略》以观其源"为首。梁启超所提出的"就传授统绪上辨别"的八条原则中，第一条也是："从旧志不著录而定其伪或可疑。"对此，他详细地阐述道：

> 最古的志——最古的书目，是西汉末刘歆的《七略》和东汉初班固的《汉书·艺文志》。《汉志》是依傍《七略》作的，相距的时代很近，所以《七略》虽亡，《汉志》尽可代它的功用。我们想研究古书在秦始皇以前的情形和数目，是没有法子考证的，因为古书的大半，都给秦始皇楚霸王烧掉了。西汉一代，勤求古书，民间藏匿的书，都跑到皇帝的内府中秘去了。刘歆编校中秘之书，著于《七略》。他认为假的而不忍割爱的则有之，有这部书而不著录的却没有。我们

---

① 参见梁启超《梁启超国学讲录二种·古书真伪及其年代》，中国社会科学出版社1997年版，第170页。

② 同上。

想找三代先秦的书看，除了信《汉志》以外，别无可信。所以凡刘歆所不见而数百年后忽又出现，万无此理。这个大原则的唯一的例外，便是晋朝在汲郡魏襄王冢所发现的书，的确是刘歆等所未看见。《汉志》所未著录的，我们除汲冢书以外，无论拿著一部什么古书，只要是在西汉以前的，应该以《汉志》有没有这部书名做一个标准，若是没有，便是伪书或可疑之书。①

根据这条原则，因为《汉志》明确著录有"《孔子家语》二十七卷"，所以我们可以由此推出，刘歆编订《七略》的时候，曾经亲眼看到《孔子家语》的古本，或者至少他是有确凿的依据的。

第二，胡应麟的"核伪书之道"，以"核之群志以观其绪"为第二条基本原则。梁启超"就传授统绪上辨别"的八条原则中，第二条也是："从前志著录，后志已佚，而定其伪或可疑"。对此，他阐述道：

> 如《关尹子》，《汉志》著录说有九篇，《隋志》没有。《汉志》虽然有之，真伪尚是问题，六朝亡了，所以《隋志》未录。而后来唐末宋初，忽然又有一部出现，如果原书未亡佚，那么，隋朝牛弘能见万种书而不能见《关尹子》，唐朝数百年没有人见《关尹子》，到了宋初又才发现，谁能相信？这种当然是伪书。②

---

① 梁启超：《梁启超国学讲录二种·古书真伪及其年代》，中国社会科学出版社1997年版，第171页。
② 同上书，第172页。

根据这条原则，因为我们在第一章中已经较为详细地列举了《孔子家语》在历代史志中的著录记载情况，可以明确看出从汉代直到清朝，几乎所有的重要史志皆有对于《孔子家语》的相关著录，有的甚至非常详细具体，所以我们可以由此推出，从汉代到清朝，《孔子家语》有其一贯的传承，其作伪的可能性很小。

第三，梁启超"就传授统绪上辨别"的八条原则中，第三条是："从今本和旧志说的卷数篇数不同，而定其伪或可疑。"梁启超阐述道：

> 这有二种，一是减少的，一是增多的。减少的，如《汉志》有《家语》二十七卷，到了《唐书·艺文志》［略称《唐志》］，却有王肃注的《家语》十卷，所以颜师古注《汉志》说"非今所有《家语》"，可见王注绝非《汉志》原物。……这种或增或减，篇数已异，内容必变，可以决定是伪书。最少也要怀疑，再从别种方法定其真伪。①

不过，这条原则可商榷的余地很大。古书的卷数、篇数在流传过程中发生变化乃是常见的现象，曹之研究指出，导致这种现象大略有五种原因：第一，内容有所增加。第二，内容有所亡佚。第三，刻书者的任意分合。第四，计算方法不一。第五，一书原无定本。② 他又提出："卷数是我们鉴定版本的重要依据之一。卷数差异往往是同书异本互相区别的一个标志。卷数不同，也就意味

---

① 梁启超：《梁启超国学讲录二种·古书真伪及其年代》，中国社会科学出版社1997年版，第172页。
② 参见曹之《中国古籍版本学》，台北：洪叶文化事业有限公司1994年版，第458—459页。

着版本的不同。……详审卷数，仅仅查看目录是不行的，必须翻阅正文，因为目录和正文不一致的情况还是有的。有时候可能'有书无录'，即正文卷数多，目录卷数少。"① 因此，虽然我们从历代史志著录某书篇卷的数目，可以大略推测该书流传或真伪的基本情形，但是如果仅靠卷数、篇数的不同来辨别一书的真伪，则无疑是有很大问题的，因为某书卷数甚至篇数的不同，并不一定就能完全体现正文内容的多寡和真伪。

第四，梁启超"就传授统绪上辨别"的八条原则中，第五条是："从旧志或注家已明言是伪书而信其说。"梁启超阐述道：

> 如《汉志》已有很多注明依托。他所谓依托的，至少已辨别是假。那种书大半不存，存的必伪。又如颜师古注《汉志·孔子家语》曰"非今所有《家语》"。他们必有所见，才说这个话，我们当然不能信他所疑的伪书。②

不过，这条原则也未必可靠。就《孔子家语》一书来说，清代学者陈士珂指出：

> 夫事必两证而后是非明。小颜既未见安国旧本，即安知今本之非是乎？且子观周末汉初诸子，其称述孔子之言，类多彼此互见，损益成文，甚至有问答之词，主名各别，如南华重言之比，而溢美溢恶，时时有之，然其书并行，至于今

---

① 曹之：《中国古籍版本学》，台北：洪叶文化事业有限公司1994年版，第460页。
② 梁启超：《梁启超国学讲录二种·古书真伪及其年代》，中国社会科学出版社1997年版，第172—173页。

不废，何独于是编而疑之也？①

如我们在第一章所述，《隋志》《唐志》及其他史志中所著录的"《孔子家语》二十一卷"和"《孔子家语》十卷"，在卷数上确实不同于《汉书·艺文志》所著录的二十七卷的古本《孔子家语》。据清儒陈士珂的看法，也许这个古本已经在流传中亡佚，很可能唐代的颜师古也没能亲眼看到此书，因此我们不能仅靠颜师古这句话而判定王肃所注《孔子家语》就是伪书，这样以偏概全，会导致人们忽略其重要的史料价值和思想史意义。

第五，胡应麟的"核伪书之道"，有"核之并世之言以观其称，核之异世之言以观其述，核之文以观其体，核之事以观其时"等几条基本原则。梁启超"就文义内容上辨别"的五条原则中，第五条是"从思想上辨别"。

《孔子家语》是先秦两汉儒家的一部相当重要而又独特的作品，就其内容方面来看，《孔子家语》除了以传承儒家传统思想作为其核心宗旨外，又有可以与道家及阴阳五行说等相关联的内容。

具体来说，例如有学者以为，这是一部由崇尚道家的人伪托的伪书，《孔子家语》一书中所体现的思想，不属于先秦两汉时代，而是魏晋时期甚至更后的思想，因而就提出《孔子家语》是魏晋时期以后才形成的一部古书。例如那薇先生以为："《家语》是站在维护、挽救儒家学说的立场上，以老子思想去朴实、论证儒家学说。《家语》中的孔子以老子为师，西周是以老子知雄守雌为座右铭的；《家语》中的道是无为而无不为的，融铸老子的

---

① 参见陈士珂《陈士珂〈孔子家语疏证〉序》，上海书店1971年版，卷首。

道于自身的体系中；《家语》中的礼具有'五至''三无''三无私'的性质，富于道家的色彩；《家语》中的圣人能够体天地之道，合天地之德，既体现了宇宙的根本之道，又明了儒家的仁义礼乐，集儒道于一身。这正反映了儒道兼综已成为汉魏之际学术的必然之势，儒家学说必须向道家学说靠拢和转向，才能够延续下去。"① 她认为魏晋以后，在社会及学术界玄学大盛的大背景下，许多学者都在企图用新的方法来阐扬经学，王肃即是为了维护儒学的局面而做出了极大的努力，但他不可能完全脱离时代因素的影响。即使这种说法在一定程度上能够成立，我们也不得不承认，就全书整体内容来看，其中心思想并不主张道家超胜，而明显是以记述孔子及其弟子的儒家思想为主体的。

另外，孙志祖在《五帝》篇中指出："此篇王肃所造，杂采《礼记》《左传》，假为季康子问答，以驳郑康成六天之说。"② 顾颉刚曾经就此篇所反映的王肃注解立场指出："这是他打破'六天'之说的。他以为天有五行，自然地运行，自然地化育万物。五帝只是五行之神，帮助天生万物的，并非各占一天，至谶纬书上的灵威仰诸名，只是妖怪之言，学者所不当信。"③ 接着，顾先生在论及五正、五祀时说："王肃这篇文字的材料既取自《左传》《月令》《世经》，完全是刘歆的学说，所以在这段注文里也就采用了他的话，主张把祭社和祭地分别清楚了。"④ 顾先生肯定了王肃"五德说"的优长，认为："三国魏时代的五德说，比了刘歆的说法又变换了许多了。至于郑、王之争，历代学者皆右郑抑

---

① 那薇：《〈孔子家语〉中儒道兼综的倾向》，《孔子研究》1987年第2期。
② 孙志祖：《家语疏证》卷三，载《丛书集成初编》，中华书局1991年版，第62页。
③ 顾颉刚：《中国上古史研究讲义》，中华书局1988年版，第352页。
④ 同上书，第353页。

王,但我们如肯弃掉成见,便可见出王肃确有批判精神,他的学说比了郑玄进步多了。"① 还有,在今本《孔子家语》中有"以老子为师"的说法,对老子的德行给予了极高的评价。那薇先生提出:"其实老子不讲五行,也不讲五帝。"② 她认为《孔子家语》中那些推崇老子的说法是由王肃一手伪造成的。

不过,我们都知道《老子》书中虽然没有明言"五行",但其中明明有"五色令人目盲,五音令人耳聋,五味令人口爽"③之语,又有讲"阴阳"思想的名言——"万物负阴而抱阳,冲气以为和"④,而且孙志祖已经指出,《孔子家语》与《礼记》《左传》多有类同,其中除了少数文字略有差异外,思想内容几乎完全相同,所以从《孔子家语》与《礼记》《左传》的思想内容比较来看,在有关孔子思想的实质内容方面并没有多少不同。因此,所谓《孔子家语》含有一些道家的色彩,正如《礼记》《大戴礼记》甚至《论语》等儒家典籍中也有一些篇章含有道家色彩一样,这没有什么值得大惊小怪的。况且新出土的简帛文献在在处处都为此提供了极为有力的佐证。张建群先生就此指出:"无论是马王堆,还是荆门郭店,同样都属楚地,且墓中皆埋有《老子》以及《五行》篇,这不知是历史的巧合,还是因为此一学说盛行楚地。而根据以往考古发掘的记录,相传为子思所作的《缁衣》篇,也经常出现在楚墓当中,由此可见儒学盛行于楚地,是极为可能的,因此儒家思想与道家思想在楚地发展间的互动关系,可能还需深入研究。"⑤

---

① 顾颉刚:《中国上古史研究讲义》,中华书局1988年版,第384页。
② 那薇:《〈孔子家语〉中儒道兼综的倾向》,《孔子研究》1987年第11期。
③ 《老子》第十二章。
④ 同上。
⑤ 张建群:《简、帛〈五行〉篇中"心"作用概探》,《孔孟月刊》1999年第9期。

总之，依据传统的"辨伪方法"来看《孔子家语》，那些疑古派学者认为《孔子家语》乃是王肃一手伪造的看法明显不可靠，至少还有很大的商榷余地。我们应当超越疑古思潮，用新的更科学的辨伪概念和方法来努力接近古书的真实面目，并赋予其在学术思想史上更为正确的地位，充分挖掘其独特而珍贵的思想宝藏。

## 第五节　据新出土文献以考察
## 《孔子家语》的真伪

20世纪的一系列重大的考古成果，尤其是70年代以来一系列重要简帛文献的重见天日，使得相关的考证工作又有了重新研讨的广阔余地。郑良树先生指出："就古籍辨伪而言，竹简帛书出土所带来的震撼，恐怕与古史辨派新说的震撼不相伯仲，因为古史辨学派为古籍真伪带来'石破天惊'的新说，而竹简帛书却为这些新说带来'冷酷无情'的否决。"[①] 我们认为，用新出土的简帛文献来重新研讨传世古代文献及其思想，具有重大的学术价值，尤其是从新出土文献来重新考察《孔子家语》等曾经被判定为伪书而被严重忽略的古典文献及其思想，对于还原学术思想史的本来面目，无疑更有无法估量的学术价值。

近几十年来，在出土文献中发现了越来越多的与今本《孔子家语》有关的资料，《孔子家语》属王肃一人伪撰的说法于是就越来越站不住脚了。1973年，河北定县八角廊出土了一批竹简，

---

[①] 郑良树：《论古籍辨伪的名称及其意义》，载郑良树《诸子著作年代考》，北京图书馆出版社2001年版。

其中有一种被整理者定名为"儒家者言"的古书，其内容与《孔子家语》相近。1977年，安徽阜阳双古堆汉墓又出土了一批与《孔子家语》有关的简牍。1994年，上海博物馆从香港文物市场购回了一大批战国楚竹书，有许多极为珍贵的儒家佚籍，尤其是其中《民之父母》篇的公布，更是"轰然打破了"学术界以前所普遍流行的认为"《家语》乃王肃伪作"的"成见"。①

由于上述这些极其珍贵的第一手材料的失而复得，所以使得学术界主流逐渐得出结论：这些简帛文献可以帮助我们较好地判决《孔子家语》的伪书案，使得关于《孔子家语》的研究又可以在新材料的推动下达到新的境界。本节就试图从这些新出土的简帛文献入手，来考察《孔子家语》的真伪。

## 一　从定县八角廊汉简看《孔子家语》

1973年，河北定县八角廊四十号汉墓出土了一批儒家文献竹简，其中有整理小组命名的"儒家者言"一篇，释文初见于1981年《文物》杂志第8期。此后，学术界掀起了一股研讨《儒家者言》的热潮。

何直刚就《儒家者言》的具体情形指出："文字短小，一般均在百字左右，短的二三十字，最长也不过三四百字。从思想、内容直到体裁也是完全统一的，这也说明它应当是单独的一种书。"②何直刚就《儒家者言》的学术思想指出：第一，《儒家者言》的绝大部分内容，虽然都见于古代著作之中，但是从汇集成册的情况看，这是一部逸书；第二，《儒家者言》的绝大部分内

---

① 庞朴：《话说"五至三无"》，《文史哲》2004年第1期。
② 何直刚：《〈儒家者言〉略说》，《文物》1981年第8期。

容，很多见于《新序》《说苑》以及《孔子家语》之内。《儒家者言》的发现，无论内容或文字都与刘向二书基本相同，可以证明刘向书中的不少内容，都保存了先秦时期的原始面目，从而提高了它的资料价值。① 另外，简中还发现与《孔子家语》十章相同的内容，但分章不相同，文字差别也比所有其他各书都大，因此，《家语》的真伪还可以探讨。第三，这部书是两千年前的古本，涉及了不少古籍，可以用来校正其他古籍。②

这里拟就《儒家者言》与《孔子家语》的内在联系，来考察王肃注本《孔子家语》的真伪。

《儒家者言》记载的内容以孔子及其弟子的言行为主，其与今本《孔子家语》内容类同者一共有十章，我们将两者在内容上互相类同的部分比照如下：

（1）《儒家者言·二》及其编号与《孔子家语·困誓》

《儒》子赣（贡）问孔子曰："赐为人下，如不知为。"910

《孔》子贡问于孔子曰："赐既为人下矣，而不知为人下之道，敢问之。"

《儒》下孔子曰："为人下者其犹土乎种"710

---

① 左松超先生指出："定县四十号汉墓发现的《儒家者言》，内容只有二十七章，较之同类性质的书如《孔子家语》《说苑》都少得多，可能不是一部完整的书；它所据抄的祖本可能也不是已经编成的书而只是一批内容庞杂记载历史人物言行的资料，就像刘向在《说苑叙录》中所提到的'说苑杂事'，是同一类的东西。《儒家者言》的内容见于许多秦汉古籍，以和《说苑》的关系最为密切。"参见左松超《论〈儒家者言〉及其与〈说苑〉的关系》，《第一届先秦学术国际研讨会论文集》，1992年，第257页。

② 何直刚：《〈儒家者言〉略说》，《文物》1981年第8期。

《孔》子曰："为人下者，其犹土乎？"

《儒》［得五谷焉厥（撅）之得甘泉焉草木植］1069
《孔》无

《儒》禽兽伏焉生人立焉死人入焉多 708
《孔》禽兽育焉，生则出焉，死则入焉，

《儒》口其言为人下者其犹土乎 930
《孔》弘其志而无不容，为人下者，以此也。

(2)《儒家者言・三》及其编号与《孔子家语・六本》

《儒》曾折援［木击曾子口］2490
《孔》曾晳怒，建大杖以击其背，

《儒》者参得罪夫子得毋病（病）乎退而就 611
《孔》向也参得罪于大人，大人用力教参，得无疾乎？退而就房，

《儒》曰参来勿内［也曾子自］1127
《孔》告门弟子曰："参来勿内。"曾参自以为无罪，

《儒》之未尝可得也棰则待答大 1839
《孔》未尝可得。小棰则待过，大杖则逃走，

《儒》□恕立壹（殪）而不去杀身以［□父□］2487
之民与 312

《孔》委身以待暴怒，殪而不避，既身死而陷父于不义，
其不孝孰大焉？汝非天子之民也，

《儒》杀天子之民者其罪 1864
《孔》杀天子之民，其罪奚若？

(3)《儒家者言·六》及其编号与《孔子家语·致思》

《儒》□渔者曰天暑而得弓［之不□□］760
《孔》孔子不受。渔者曰："天暑市远，无所鬻也，

《儒》将祭之□［乎孔子曰］128
《孔》而夫子以祭之何也？孔子曰

(4)《儒家者言·七》及其编号与《孔子家语·贤君》

《儒》［闲处］喟然叹曰铜鞮柏□1123
《孔》孔子闲处，喟然而叹曰："向使铜鞮伯华无死，

《儒》者周公旦聂（摄）天下之政 782
《孔》昔者周公居冢宰之尊，制天下之政，

《儒》也夫有道乃无下于天下哉 578
《孔》恶有道而无天下君子哉？

## (5)《儒家者言·八》及其编号与《孔子家语·观周》

《儒》于大庙右陛之前有铜 825
《孔》庙堂右阶之前,有金人焉,

《儒》囗其口如名(铭)其背〔囗囗=囗=〕844
《孔》三缄其口,而铭其背曰:

《儒》〔之为人也多〕言多过多事多患也 604
《孔》古之慎言人也,戒之哉!无多言,多言多败;无多事,多事多患。

## (6)《儒家者言·十一》及其编号与《孔子家语·困誓》

《儒》子曰犊主泽鸣晋国之贤囗 923,963
《孔》孔子曰:"窦犨、鸣犊、舜华,晋之贤大夫也。

《儒》闻君子重伤囗 627
《孔》君子违伤其类者也。

## (7)《儒家者言·十二》及其编号与《孔子家语·困誓》

《儒》之匡间(简)子欲杀阳虎孔子似之 666
《孔》孔子之宋,匡人简子以甲士围之,

《儒》□□孔子□舍子路怒奋戟欲下 725
《孔》子路怒,奋戟将与战,

《儒》子止之曰何［仁义之下意□□］644
《孔》孔子止之曰:"恶有修仁义而不免世俗之恶者乎?

《儒》诗书不习礼乐不修则是丘之罪 715
《孔》夫诗书之不讲,礼乐之不习,是丘之过也。

《儒》阳虎如为阳虎则是非丘□ 905
《孔》无

(8)《儒家者言·十三》及其编号与《孔子家语·六本》

《儒》君子道四强(强)于行弱于辞□ 965
《孔》"回也君子之道四焉:强于行义,弱于受谏,怵于待禄,慎于治身。

(9)《儒家者言·十四》及其编号与《孔子家语·子路初见》

《儒》何中(仲)尼曰新交取亲 966,668
《孔》子路曰:"由请终身奉之,敢问亲交取亲若何,

(10)《儒家者言·十五》及其编号与《孔子家语·子路初见》

《儒》路行辞于孔 458

《孔》子路将行，辞于孔子，

《儒》孔子曰曾（赠）若以车乎 38
《孔》孔子曰："赠汝以车乎？"

《儒》言乎子路请以言孔［子曰不强不］706
《孔》子路曰："请以言。"孔子曰："不强不达，不劳无功。"

从上列《儒家者言》与《孔子家语》的对照来看，今本《孔子家语》在流传过程中产生过一些变化，而且分篇、文字内容方面变化较大，现在已经难以考察清楚。但是依据这些资料，我们也可以得到两点启示：第一，"《孔子家语》必非成于一人一时"，如果是一人手笔，就不至于出现前后内容布局如此无序的情况。第二，如同《儒家者言》的绝大部分内容都应当是有依据的一样，《孔子家语》也应当是渊源有自的一部古籍。李学勤先生就此指出："八角廊简这四种儒家著作，当时大约都是很通行的。《论语》不必说，《哀公问五义》见于《荀子·哀公》，又收入《大戴礼记》和今本《家语》；《保傅》见于贾谊《新书》，也收进《大戴礼记》，在汉代还常单行。《家语》在《汉书·艺文志》列为《论语》十二家之一。十二家的前九种都是《论语》不同传本及传、说，下面便是《孔子家语》二十七卷。后面还有《孔子三朝》七篇，现在《大戴礼记》中，《孔子徒人图法》二卷则是一种图说。由此可见《家语》和《论语》关系密切，竹简同出一墓不是偶然的。"① 李先生又说：

---

① 李学勤：《竹简〈家语〉与汉魏孔氏家学》，《孔子研究》1987 年第 2 期。

"从体例来看，竹简《家语》和今本是相近似的。清陈士珂作《孔子家语疏证》，详细对照今本《家语》及传世其他古书，证明该书多与《荀子》《韩诗外传》《礼记》《大戴礼记》《说苑》等书相出入，竹简本正是这样。看来我们对今本《家语》的认识应当重新考虑。"[1] 周洪才先生同样认为："一九七三年河北定县八角廊汉墓出土有竹简《儒家者言》二十七章，内容以孔子及弟子言行为主，并多与《说苑》及今本《孔子家语》有关，似即《家语》原型"，由八角廊汉简《儒家者言》与阜阳双古堆类似文献的发现，"足见颜师古所谓'非今所有《家语》'的说法是有根据的。今本《家语》，论者辄称王肃伪作，其实是经其篡改'私定'，而非全部由其杜撰。今考此书，或即孔子弟子所记，续经孔子裔孙编次修订，汉墓出土文献《儒家者言》等，可为佐证。现存《家语》虽早非原本之旧，但仍不失为一部研究孔子及其弟子之要籍，且可借以考证有关文献，如《问王（玉）》可考《齐论》遗文，《王言解》可校《大戴礼记》等"。[2] 我们认为，以前遭到普遍质疑的由孔氏家族到王肃和孔猛这一传承，由此可以得到较为合理和较有说服力的解释。[3]

## 二　从阜阳双古堆汉简看《孔子家语》

阜阳双古堆汉简是1977年在发掘安徽阜阳县双古堆一号汉墓时发现的，有竹简、木简和木牍，已清理出十多种古籍。[4] 令人惊喜的是，双古堆汉简中也有与《孔子家语》有关的木牍，整理组就此指出，一共有三块，一块较完整，两块已残破，皆为书籍

---

[1] 李学勤：《竹简〈家语〉与汉魏孔氏家学》，《孔子研究》1987年第2期。
[2] 周洪才：《孔子故里著述考》，齐鲁书社2004年版，第306页。
[3] 以上多参考姜赞洙《〈孔子家语〉研究》第三章，硕士学位论文，台湾"国立"政治大学中国文学研究所，1999年。
[4] 参见阜阳汉简整理《阜阳汉简简介》，《文物》1983年第3期。

篇题。完整的一件，正、背两面各分三行书写，今存篇题四十六条，内容多与孔子及其门人有关，如"子曰北方有兽"，"孔子临河而叹"，"卫人醢子路"，等等。这些篇题的内容大多能在今本《孔子家语》中见到。另一块木牍也是两面书写，现存较完整的篇题二十多条，如"晋平公使叔曏聘于吴"，"吴人入郢"，"赵襄子饮酒五日"，包括春秋、战国故事，在刘向纂集的《说苑》《新序》中可以见到。阜阳汉简中有若干属于这些篇题的简片。①

　　阜阳汉简整理组发现，阜阳汉简竟然有具体纪年，出土的铜器、漆器、铁器、陶器等文物二百余件的陪葬器物上有"女（汝）阴侯"铭文及漆器铭文纪年最长为"十一年"等材料，确认墓主是西汉第二代汝阴侯夏侯灶。夏侯灶是西汉开国功臣夏侯婴之子，卒于文帝十五年（前 165 年）。因此阜阳汉简的下限不得晚于这一年，基本上为汉初遗物，而其材料的来源自然更早于此。以前普遍以为《孔子家语》是王肃伪作，现在阜阳汉简木牍明确地证明，早在西汉初期，《孔子家语》的原型已经流传了。李学勤先生就此指出："八角廊《儒家者言》和安徽阜阳双古堆简牍中的一种性质相类，内容以孔子及其弟子言行为主，且多和《说苑》及今本《孔子家语》有关，两者应该都是《家语》的原型"，"王肃注《家语》，是由于《家语》在某些点上有利于他在经学方面反对郑玄的学说。不论他是否在这些地方动笔窜改，说他伪造整部《家语》，恐怕是不可能的。陈氏《疏证》已证明《家语》文字有本，王肃当时一手抄辑出这部书，是难以欺人的。王肃在序言中已说明《家语》得自孔子二十二世孙孔猛，这应当是事实。我们现在所知道的是，在西汉前期的双古堆简牍和西汉

---

① 参见阜阳汉简整理《阜阳汉简简介》，《文物》1983 年第 3 期。

晚期的八角廊竹简中，都存在《家语》发展的一定链环"。①廖名春、邹新民二人同样认为："1973年，河北定县八角廊汉墓出土了与《孔子家语》内容相似的竹简；1977年，安徽阜阳双古堆汉墓又出土了与《孔子家语》有关的简牍。今本《孔子家语》既在战国秦汉间就有原型，也是汉魏孔氏家学的产物"，他二人还认为："《孔子家语》是一部记载孔子及其弟子事迹言行的重要文献。其体例与《论语》相似，但篇幅却远远超过了《论语》。它记录和介绍了孔子的先世、孔子的出生死亡、孔子的日常生活、孔子的政治活动和教学活动，以及孔子学生的事迹。但记述得最多的还是孔子的思想主张，是我们了解和研究孔子及早期儒家学派的重要参考资料。"②

与此同时，也有学者持更加谨慎的态度。例如张固也、赵灿良二先生就提出："最近二十多年来，随着河北定县八角廊、安徽阜阳双古堆等汉墓简牍的陆续公布，《孔子家语》真伪问题成为学界关注的焦点之一。许多学者认为出土简牍足以印证《家语》为相当可信的古书。其实这些材料只是与《家语》相似，还不足以论定其全书之真伪，因为持相反意见的学者可以辩解说，王肃正是利用这类较早的材料伪造出今本《家语》的"，"《家语》确为先秦流传下来而由孔安国最后编定的古书，所谓王肃伪作的说法固然是错误的，时下比较流行的'汉魏孔氏家学的产物'之类说法也不够准确"③。

无论如何，由河北定县八角廊、安徽阜阳双古堆等与《孔子

---

① 李学勤：《竹简〈家语〉与汉魏孔氏家学》，《孔子研究》1987年第2期。
② 廖名春、邹新民：《孔子家语》，辽宁教育出版社1997年版，第151—152页。
③ 张固也、赵灿良：《从〈孔子家语·后序〉看其成书过程》，《鲁东大学学报》（哲学社会科学版）2009年第5期。

家语》有密切关联的汉墓简牍的陆续出土,我们可以推论,在西汉末叶,伟大的文献学家刘向夫子校订群书时,并没有人否定《孔子家语》一书的可靠性,当时,《孔子家语》一书已经有所流传,至刘歆撰《七略》时,就明确著录"《孔子家语》二十七卷",使此书的存在成为一个毋庸置疑的事实。在唐代颜师古以前,可能还没有人怀疑《孔子家语》是一部伪书。所以我们认为,即使今本《孔子家语》一书有后人掺杂增删,但在没有铁证的情况下,我们也不能以偏概全地认为《孔子家语》就是百分之百的伪书。①

### 三 从上博楚简看《孔子家语》

1994年,上海博物馆从香港文物市场紧急抢购回了一大批战国楚竹书,其中有许多极为珍贵的儒家佚籍,尤其是"上博藏简《民之父母》篇的公布,消除了多年来对《礼记》《家语》中'五至三无'说的怀疑","轰然打破了"学术界以前所普遍流行的认为"《家语》乃王肃伪作"的"成见"。②

从孔子开始,儒家就极力倡导礼乐治国,强调指出:"能以礼让为国乎,何(难之)有!"不难看出,儒家注重的乃是"礼乐之原"。所以《民之父母》引孔子曰:"民之父母乎!必达于礼乐之原。"儒家主张,治理国家的人,必须通达礼乐之本原。孔子曰:"礼云礼云,玉帛云乎哉?乐云乐云,钟鼓云乎哉?"③ 在儒家看来,玉帛钟鼓、揖让律吕,都只不过是一些礼之仪和乐之

---

① 以上多参考姜赞洙《〈孔子家语〉研究》第三章,硕士学位论文,台湾"国立"政治大学中国文学研究所,1999年。
② 庞朴:《话说"五至三无"》,《文史哲》2004年第1期。
③ 《论语·阳货》。

表，远非礼乐之本原。孔子弟子林放曾向孔子请教"礼之本"，孔子就特别夸奖了一句："大哉问！"然后才回答道："礼，与其奢也，宁俭；丧，与其易也，宁戚。"① 这就是说，与其一味追求外在仪式上的浮华（"奢"）与完备（"易"），还不如提倡内在情感上的质朴与本真，这才是礼乐的本原所在。《民之父母》中记载孔子在回答"何如而可谓民之父母"的问题时说：

民之父母乎！必达于礼乐之原，以致五至，以行三无，以横于天下；四方有败，必先知之。其可谓民之父母矣。

为民父母的统治者，必须通达礼乐之本原。这里所谓的"礼乐之原"，或礼乐之所以为礼乐者，显然不是外在的玉帛和钟鼓，而是内在的志和气。② 只有通晓礼乐之原为志气，才能由之实践"五至"，推行"三无"，成为名副其实的民之父母。《民之父母》载孔子就"五至"的阐发如下：

"五至"乎！志之所至者，诗亦至焉；诗之所至者，礼亦至焉；礼之所至者，乐亦至焉；乐之所至者，哀亦至焉，哀乐相生，君子以正。此之谓五至。

志、诗、礼、乐、哀五者，以"志"为首，逐一"至"去，五

---

① 《论语·八佾》。
② 孟子有曰："夫志，气之帅也；气，体之充也"，"夫志，至焉；气，次焉"。"志至气次"这句话，历来多释为"志为主要，气为其次"。此解确也道出了儒家的某些看法，但孟子此处所说的是另一层意思，即"心之所至，气即随之"（焦循《孟子正义》引毛奇龄）。

"至"而止，是为"五至"。从字面上看，这五者好像不分轩轾，彼此平等；但在实质上，志则高出一筹，与其他四者有别。因为所谓"志"，乃心之所之，是人之思想行为的内在动机，是最高统帅，而诗、礼、乐、哀四者，在这里则属于"气"的层面，是随顺着"志"的种种行为。

礼乐之原本于志，志之所至致五至，五至之要在正己。孔子曰："哀乐相生，君子以正。"这个"正"指的就是正己。正己乃儒家学者修身、齐家、治国、平天下的基础功夫，孔子相信"其身正，不令而行；其身不正，虽令不从"[①]，孟子认为"行有不得者，皆反求诸己，其身正而天下归之"[②]，都把君子正己视作实现王道的首要大事。

儒家认为，心是人的主宰，正己的根本在于正心，所以五至的头一至就是"志至"。东汉大儒郑玄为《礼记》作注的时候说，志至，"言君恩意至于民"也。那恐怕是儒家学说意识形态化以后经师们的套话，并非原著本意。原著里面既无君，亦无恩，只有一个志。志者，心之所之也。因而所谓志至，就是心到应该到的地方，也就是正心、诚意那一套为学功夫，主要属于道德修养的范畴，与政治关系不是那么大。

那么，心何所之而为正呢？志何所至而后止呢？孔子于此有曰："志于道。"[③]孟子答"何谓尚志"亦云："仁义而已矣。"[④]可见道或仁义，便是儒家所设置的心的理想，志的归宿，从而也是他们所理解的人之所以为人的本质所在。

---

[①] 《论语·子路》。
[②] 《孟子·离娄上》。
[③] 《论语·述而》。
[④] 《孟子·尽心上》。

与正己相对且相关的是正天下，正己的终极目的也在于正天下。《民之父母》认为，正天下的使命，主要靠"三无"来实现。《民之父母》载孔子就"三无"的阐发如下：

> 三无乎！无声之乐，无体之礼，无服之丧，君子以此横于天下。系耳而听之，不可得而闻也；明目而视之，不可得而见也，而志气塞于四海矣。此之谓三无。

这段文字各本有些差异。"君子以此横于天下"一句，传世本《礼记·孔子闲居》《孔子家语·论礼》皆无；"系耳而听之"等五句，传世本用于描述"五至"，而不像《民之父母》这样用于形容"三无"。根据《大戴礼记》的"昔者明王内修七教，外行三至"，似可推定："君子以此横于天下"的"此"，指的应该便是"三无"；视之不见、听之不闻却能塞于四海的，也应该是"三无"中的"无"。

首先需要澄清的是，他们所理解的三无的"无（無）"，并非不存在，或系非存在，只是由于它无形无象，不可得而闻，不可得而见，所以无法以感觉得知，仿佛无有，于是就称之为无。[1] 这是当时人们普遍都有的一种观念，譬如相信神鬼精灵的存在，便是一例。道家由之更进一步，认为与万有相比，这个无，乃是最高最大的存在，是宇宙的本原。其他学派，从传世的文献中，还很少见有作此类玄思的习惯。现在重见天日的《民之父母》则明确告诉我们，这种形而上的观念，同样也出自罕言性与天道、崇尚仁、义、礼、乐的儒家之口，这着实不能不让我们瞠目结舌。[2]

---

[1] 参见庞朴《说無》。
[2] 这里多参考庞朴《再说"五至三无"》，http://www.jianbo.org/Wssf/2003/pangpu03.htm。

而以前的种种误解和论争,也就偃旗息鼓了。

就《孔子家语》的真伪疑案来说,上博楚简《民之父母》的意义更是不可估量,庞朴先生就此指出:"上博藏简《民之父母》篇的公布,消除了多年来对《礼记》《家语》中'五至三无'说的怀疑,使我们可以放心地将它当做孟庄以前儒家论题来看待,探讨它在学术史上的地位和价值了"①,"面对'竹的事实',我们不能不改弦更张,温故知新,清理成见,重新认识"②。

综上可见,这些极其珍贵的第一手材料,加上前面的一系列考证,互相构成不容辩驳的确证,有力地说明了一个基本的思想史事实,那就是,《孔子家语》并非伪书,而是一部渊源有自的古籍,它的原型至晚在汉初就已经存在了,后由孔子十一代孙、西汉的孔安国编辑成书;此后在流传过程中或有加工润色,但其主体部分仍然没有实质性改变;至汉魏时期,王肃从孔子的二十二世孙孔猛手中获得《孔子家语》,并为之作注,使《孔子家语》从家传的小范围流传状态走出来,影响逐渐扩大。由此再来看主张《孔子家语》为伪书的说法,就显得颇为武断,譬如梁启超先生就曾经以为:"汉以后,至魏晋间,有王肃出,师刘歆的故智,以为要打倒当时大经师郑康成,非假造伪书不可,所以有许多伪书,都由他一手造成的,伪古文《尚书》孔安国传,据说是他窜改的。主名虽为完全确定,十成之中,总有九成可信。《孔子家语》及《孔丛子》,几乎可以说完全由他一手造成,简直没有什么问题。"③

---

① 庞朴:《再说"五至三无"》,http://www.jianbo.org/Wssf/2003/pangpu03.htm。
② 庞朴:《话说"五至三无"》,《文史哲》2004年第1期。
③ 梁启超:《梁启超国学讲录二种·古书真伪及其年代》,中国社会科学出版社1997年版,第154—155页。

# 第三章

# 《孔子家语》的自然观

《论语》所载孔子言论未见"阴阳""五行""天道"等范畴,孔子的得意门生子贡又说:"夫子之文章,可得而闻也;夫子之言性与天道,不可得而闻也。"[1] 一些学者因此就断定,孔子未曾论及自然观,并由此怀疑乃至完全忽略《易传》《礼记》《大戴礼记》及《孔子家语》等常见传世文献中所载孔子关于自然观言论的可靠性。现在随着一大批简帛文献的重现,使得学术界不得不重新反思这个成见,并逐渐认识到,孔子对自然观有着一系列精辟的见解。这里就让我们以《孔子家语》为主,略窥孔子自然观之精湛内涵。

## 第一节 阴阳观

"阴阳"是中国传统文化的核心范畴,其本义是指物体对于太阳光的向背,向日为阳,背日为阴。《诗经》云:"既景既冈,

---

[1] 《论语·公冶长》。

相其阴阳。"① 就是在用"阴阳"二字的本义。

　　反映阴阳思想最重要的古籍无疑就是《周易》。《周易》以"阴阳"为构成要素，首次较为系统地表达了"阴阳"思想，我们完全可以说，中国古典哲学中的"阴阳"思想成熟于《易传》，而导源于《易经》。《周易·系辞上》云："一阴一阳之谓道"，"阴阳不测之谓神"。《周易·说卦》曰："立天之道曰阴与阳。"其中的"阴阳"不仅指阴阳二气，而且也指两种相反相成的物质力量和属性。因此，《庄子·天下》正确地概括指出："《易》以道阴阳。"

　　西周末年，周太史伯阳父以阴阳思想来解释地震的起因，他说："夫天地之气，不失其序。若过其序，民乱之也。阳伏而不能出，阴迫而不能烝，于是有地震。"②

　　老子更明确地以"阴阳"来说明宇宙万物的形成过程，认为宇宙万物都是由阴阳二气共同形成的，就此他有一个著名的命题，说："道生一，一生二，二生三，三生万物。万物负阴而抱阳，冲气以为和。"③

　　孔子曾经请教过老子，晚年又对《周易》爱不释手，帛书《易传·要》曰："夫子老而好《易》，居则在席，行则在橐。"《史记》云："孔子晚而喜《易》，序《彖》《系》《象》《说卦》《文言》；读《易》，韦编三绝。"④ 他自己也说："加我数年，五十以学《易》，可以无大过矣。"⑤ 因此，孔子对主要源于《周易》的阴阳观有所领会和体悟就是十分自然、合情合理的事情。

---

① 《诗经·大雅·公刘》。
② 《国语·周语上》。
③ 《老子》第四十二章。
④ 《史记·孔子世家》。
⑤ 《论语·述而》。

在《孔子家语》中，就记载了很多孔子涉及阴阳的言论，如：

> 儒有居处齐难，其起坐恭敬，言必诚信，行必忠正，道涂不争险易之利，冬夏不争阴阳之和，爱其死以有待也，养其身以有为也，其备预有如此者。①

> 人者，天地之德，阴阳之交，鬼神之会，五行之秀。天秉阳，垂日星；地秉阴，载于山川。……人者，天地之心也，五行之端也，食味别声被色而生者也。故圣人作则，必以天地为本，以阴阳为端，以四时为柄，以日星为纪，月以为量，鬼神以为徒，五行以为质，礼义以为器，人情以为田，四灵以为畜。以天地为本，故物可举也；以阴阳为端，故情可睹也；以四时为柄，故事可劝也；以日星为纪，故事可列也；月以为量，故功有艺也；鬼神以为徒，故事有守也。……夫礼必本于太一，分而为天地，转而为阴阳，变而为四时，列而为鬼神，其降曰命，其官于天也，协于分艺，其居于人也，曰养。所以讲信修睦，而固人之肌肤之会，筋骸之束者；所以养生送死，事鬼神之大端；所以达天道，顺人情之大窦。②

由"冬夏不争阴阳之和"可见孔子对阴阳思想非常熟悉，已经达到可以运用自如的程度。由"人者，天地之德，阴阳之交……人者，天地之心也……圣人作则，必以天地为本，以阴阳为端……礼必本于太一，分而为天地，转而为阴阳"可见，孔子认为，阴阳是天道的基本内容，作为理想人格的圣人自然

---

① 《孔子家语·儒行解》。
② 《孔子家语·礼运》。

是法则阴阳、以天道为依归的。孔子的这些言论还不算奇怪，尤其令人惊讶的是《孔子家语》所记载的下面这一大段鲁哀公与孔子的对话：

鲁哀公问于孔子曰："人之命与性何谓也？"孔子对曰："分于道谓之命，形于一谓之性，化于阴阳、象形而发谓之生，化穷数尽谓之死。故命者，性之始也；死者，生之终也；有始，则必有终矣。人始生而有不具者五焉：目无见、不能食、不能行、不能言、不能化。及生三月而微煦，然后有见；八月生齿，然后能食；三年颡合，然后能言；十有六而精通，然后能化。阴穷反阳，故阴以阳变；阳穷反阴，故阳以阴化。是以男子八月生齿，八岁而龀，女子七月生齿，七岁而龀，十有四而化，一阳一阴，奇偶相配，然后道合化成，性命之端，形于此也。"公曰："男子十六精通，女子十四而化，是则可以生民矣。而礼男子三十而有室，女子二十而有夫也，岂不晚哉？"孔子曰："夫礼言其极，不是过也。男子二十而冠，有为人父之端，女子十五许嫁，有适人之道，于此而往，则自婚矣。群生闲藏乎阴，而为化育之始，故圣人因时以合偶，男子穷天数也。极霜降而妇功成，嫁娶者行焉。冰泮而农桑起，婚礼而杀于此。男子者，任天道而长万物者也，知可为，知不可为，知可言，知不可言，知可行，知不可行者，是故审其伦而明其别谓之知，所以效匹夫之听也。女子者，顺男子之教而长其理者也，是故无专制之义，而有三从之道，幼从父兄，既嫁从夫，夫死从子，言无再醮之端，教令不出于闺门，事在供酒食而已，无闻外之非仪也，不越境而奔丧，事无擅为，行无独成，参知而后动，可验而后言，昼不游庭，夜行以火，所以效匹妇之德也。"孔子遂言曰："女有五不取：逆家子也，乱家子也，世有刑人子也，世有恶疾子也，丧父长子也。妇有七出、三不去。七出者：不顺父母出，无子出，淫僻出，恶疾出，妒疾出，多口舌出，窃盗出。三不去者：谓有所取无所归，与共更三年之丧，先贫贱，后富贵。凡此，圣人所以顺男女之际，重婚姻之始也。"①

在这里，孔子先总说"人之命与性"、生与死，再分别细述男女的成长过程，最后更加详细地讲述了"圣人所以顺男女之际，重婚姻之始"的人伦的根本方面，而贯穿其中的核心主干即是阴阳思想，尤其是孔子在此提出的"化于阴阳、象形而发谓之生""阴穷反阳，故阴以阳变；阳穷反阴，故阳以阴化""一阳一阴，奇偶相配，然后道合化成，性命之端，形于此也"等命题，都是精辟独到、令人称奇的，充分反映了孔子对阴阳思想的熟谙和对宇宙人生之道的深刻观察和独到体悟。

如果孔子这些关于阴阳的言论只出现于《孔子家语》，那当然是大为可疑的，但是，事实上，孔子这些关于阴阳的言论广泛地出现在传世文献及新出土的简帛文献中，这就让我们不得不重新认真反思这个问题。譬如，上述孔子的三段言论就同时出现于《礼记》及《大戴礼记》中，而在《大戴礼记·曾子天圆》中，同样记载了一大段曾子所听闻到的孔子关于阴阳的长篇大论，其曰：

  天道曰圆，地道曰方；方曰幽，圆曰明；明者，吐气者

---

① 《孔子家语·本命解》。

也,是故外景;幽者,含气者也,是故内景。故火日外景,而金水内景。吐气者施,而含气者化,是以阳施而阴化也。阳之精气曰神,阴之精气曰灵。神灵者,品物之本也,而礼乐仁义之祖也,而善否治乱所兴作也。阴阳之气,各从其所,则静矣,偏则风,俱则雷,交则电,乱则雾,和则雨,阳气胜则散为雨露,阴气胜则凝为霜雪,阳之专气为雹,阴之专气为霰,霰雹者,一气之化也。①

孔子认为,天道为圆、为阳、为明,地道为方、为阴、为幽。阳主吐气,阴主含气。阳之精气叫"神",阴之精气叫"灵",阴阳交融和合,从而化生天地万物,所以作为阴阳精气的"神灵",即万物之本源。其中,"神""灵"是指"阳之精气""阴之精

---

① 《大戴礼记·曾子天圆》。清人周治平释云:"万物各有本所,故得其所则安,不得其所则强,及其强力已尽,自复居于本所焉。本所者何?如土最重,重爱卑,性居下;火最轻,轻爱高,性居上;水轻于土,在土之上;气重于火,在火之下。然水比土为轻,较火气为重;气比火为重,较水土为轻。以是知水必下而不上,气必上而不下矣。盖水之情为冷湿,火之情为燥热,土之情为燥冷,气之情为湿热,其情皆有偏胜,各随其胜所。火气偶入水土之中,必不得其安,而欲上行;水土因气腾入气火之域,亦必被强,而欲下堕:各居本所矣。日光照地,与气上升,偏于燥则发为风;火与土俱挟气上升,阻于阴云,难归本所,火土之势,上下不得,亦无就灭之理,则奋迅决发,激为雷霆;与气交合,迸为火光,居于本所,故云交则电;日气入地,郁隆腾起,结而成云,上至冷际,为冷情所化,因而成雨,正如蒸水,因热上升,腾腾作气,上及所盖,盖是冷际,即化为水,下居本所,故雨者,冷热二气相和而成也。若湿气既清且微,是阳胜也,升至冷际,乃凝为露。三冬之月,冷际甚冷,是阴胜也,云至其处,既受冷侵,一一凝冱,皆是散圆,即成雪矣。露之为霜,其理略同。盖气有三际,中际为冷,上近火热,下近地温。冷际正中,乃为极冷,夏月之气,郁积浓厚,决绝上腾,力专势锐,径至极冷之深际,骤凝为雹;入冷愈深,变合愈骤,结体愈大矣;故雹体之大小,又因入冷之深浅为差,等非如冬月云气,徐徐上升,渐至冷之初际,而结体甚微也。故夏月云足促狭,隔膛分垄,而晴雨顿异焉;冬时气升冷际,化而成雨,因在气中摩荡,故一一皆圆,初圆甚微,以渐归并,成为点滴,未至本所,又为严寒所迫,即下成霰矣。故雹霰者,皆阴阳专一之气所结而成者也。"阮元肯定地说:"周生深于天算,兼习西洋之法,此乃融会中西之说为之,其理甚明。"参见(清)阮元《曾子注释·曾子天圆》。

气",而不是通常所谓"神灵"。郑万耕先生指出,在易学中,"神与变化是相联系的,它既表示阴阳变化的'不测',又表示万物变化的'妙'"。① 在此也一样。阴阳二气处于平衡,则呈现平静状态。阴阳二气不平衡,则流动成风。二气激烈撞击即成雷电,紊乱成雾,和合成雨。阳气胜阴气就散发为雨露,阴气胜阳气就凝结而为霜雪,一切自然想象都是"一气之化"。

不仅风、雨、雷、电等一切自然想象都是"一气之化",而且天地万物也都是"一气之化"、阴阳交融的结果。曾子引述孔子的言论云:

> 毛虫毛而后生,羽虫羽而后生,毛羽之虫,阳气之所生也。介虫介而后生,鳞虫鳞而后生,介鳞之虫,阴气之所生也。唯人为倮匈而后生也,阴阳之精也。毛虫之精者曰麟,羽虫之精者曰凤,介虫之精者曰龟,鳞虫之精者曰龙,倮虫之精者曰圣人。龙非风不举,龟非火不兆,此皆阴阳之际也。兹四者,所以圣人役之也,是故圣人为天地主,为山川主,为鬼神主,为宗庙主。②

宇宙万物都是由"一气之化"、阴阳二气交融和合而形成的,作为万物之灵的人也不例外,只不过人是由阴阳二气的精华和合而成的。因此,万物都须遵照天道运行,圣人也须"慎守日月之数",须谨慎地遵守天道。《大戴礼记·易本命》曰:"鸟鱼皆生于阴,而属于阳,故鸟鱼皆卵。介鳞夏食冬蛰。龁吞者八窍而卵

---

① 郑万耕:《易学中的"神"妙观》,《中国文化月刊》1995 年第 183 期,第 72 页。
② 《大戴礼记·曾子天圆》。

生,咀嚼者九窍而胎生,四足者无羽翼,有羽之虫三百六十,而凤皇为之长;有毛之虫三百六十,而麒麟为之长;有甲之虫三百六十,神龟为之长;有鳞之虫三百六十,而蛟龙为之长;倮之虫三百六十,而圣人为之长。此乾坤之美类,禽兽万物之数也。"与此可以相互发明。

《论语》所载孔子言论未见"阴阳",孔子的得意门生子贡又说:"夫子之文章,可得而闻也;夫子之言性与天道,不可得而闻也。"[1] 学者因此就怀疑《孔子家语》《礼记》及《大戴礼记》所载孔子关于阴阳言论的可靠性。其实,已经有许多学者对此有所反思,如王菊英博士已经考证得出,《大戴礼记》之《曾子》十篇是反映曾子思想的核心文本,其记载渊源有自,当属可信,《曾子天圆》是《曾子》十篇之一,自然也不例外。因此,《大戴礼记》所载孔子关于阴阳的言论应该是基本可信的。它源于《易》,实际上它和《易传》一样,都应当源于孔子所传的《易》学范畴。[2] 同时,由《曾子天圆》的可信可以进一步推出,《孔子家语》及其他文献中所载孔子关于阴阳的言论也应该是基本可信的。

## 第二节 五行观

与阴阳密切相关的还有五行,中国古代哲人常常以阴阳与五行配合。五行是中国古人用以认识和把握天道的另一思想体系。五行是五种物质—能量—信息的符号,五行之间生、克、乘、侮

---

[1] 《论语·公冶长》。
[2] 参见王菊英《曾子述论》第五章第一节,湖北人民出版社2009年版。

等各种关系反映了天地之间各种物质、结构、能量之间的内在联系和运化规律。

五行的观念起源应该是很早的，一般认为，至迟在西周初年，五行思想就已经非常完备并得以广泛运用了。在传世文献中，"五行"一词最早见于《尚书·甘誓》①，"五行"最早的具体说解见于《尚书·洪范》。②《甘誓》曰："启与有扈氏战于甘之野……王曰：'嗟！六事之人，予誓告汝：有扈氏威侮五行，怠弃三正，天用剿绝其命，今予惟恭行天之罚。'"《洪范》曰："箕子乃言曰：我闻在昔，鲧洪水，汩陈五行，帝乃震怒，不畀洪范九畴，彝伦攸斁。鲧则殛死，禹于嗣兴，天乃锡禹洪范九畴，彝伦攸叙。初一曰五行……一，五行：一曰水，二曰火，三曰木，四曰金，五曰土。水曰润下，火曰炎上，木曰曲直，金曰从革，土曰稼穑。润下作咸，炎上作苦，曲直作酸，从革作辛，稼穑作甘。"从文义上看，《甘誓》和《洪范》所提"五行"之意义基本相同，皆指"一曰水，二曰火，三曰木，四曰金，五曰土"。只是《甘誓》之"五行"指以五行为代表的天道。《洪范》以五行作为治国安邦的根本大法，并将五行列在第一位，足见以五行为核心的自然观体系在西周初年即已成熟，并成为普适性的常识，而不可能仅是《洪范》所记之内容，否则，《洪范》的记载

---

① 关于《甘誓》的成文时代，学界莫衷一是。刘起釪先生认为："《甘誓》这篇唯一的由夏代口耳相传下来，经商、周笔之于书的古代战争誓词。"参见刘起釪《尚书研究要论》，齐鲁书社2007年版，第319页。本书从之。

② 关于《洪范》的成文时代，学界众说纷纭。刘起釪先生提出："《洪范》的原本最初当是商代的。……《洪范》的中心思想只能是商代的。……现在所见到的《洪范》，正是经过层累地加工，经过周代史官粉饰过的，所以其中有他们加工润饰时顺手带进去的东西。不过大都是西周或东周初期所加，至迟不晚于春秋前期。"参见刘起釪《尚书研究要论》，齐鲁书社2007年版，第403—405页。本书从之。

便令人费解。①《虞书·大禹谟》曰:"水火金木土谷维修,正德利用厚生维和。"只提到五行名目,又有"谷"加入,而没有提到"五行"一词。

以前学者由于对孔子的得意门生子贡所说"夫子之文章,可得而闻也;夫子之言性与天道,不可得而闻也"② 多有误解,由此认为孔子从来不谈阴阳五行等自然观内容。其实,越来越多的研究表明,孔子不仅对阴阳思想是十分熟谙、运用自如的,而且对五行思想也是相当熟悉并十分认同的。在《孔子家语》中,不仅记载了很多孔子涉及阴阳的言论,而且也记载了很多孔子涉及五行的言论,尤其令人值得注意的是,其中有很多地方阴阳和五行是同时出现的。在这其中,非常有名的一段话就是:

> 人者,天地之德,阴阳之交,鬼神之会,五行之秀。天秉阳,垂日星;地秉阴,载于山川;播五行于四时,和四气而后月生,是以三五而盈,三五而缺,五行之动,共相竭也。五行四气十二月,还相为本;五声五律十二管,还相为宫;五味六和十二食,还相为质;五色六章十二衣,还相为主。故人者,天地之心,而五行之端,食味别声被色而生者。圣人作则,必以天地为本,以阴阳为端,以四时为柄,以日星为纪,月以为量,鬼神以为徒,五行以为质,礼义以为器,人情以为田,四灵以为畜。以天地为本,故物可举;以阴阳为端,故情可睹;以四时为柄,故事可劝;以日星为纪,故业可别;月以为量,故功有艺;鬼神以为徒,故事有守;五

---

① 参见王菊英《曾子述论》第五章第二节,湖北人民出版社2009年版。
② 《论语·公冶长》。

行以为质，故事可复也；礼义以为器，故事行有考；人情以为田，四灵以为畜。……先王秉蓍龟，列祭祀，瘗缯，宣祝嘏，设制度，祝嘏辞说。故国有礼，官有御，职有序。先王患礼之不达于下，故飨帝于郊，所以定天位也；祀社于国，所以列地利也；禘祖庙，所以本仁也；旅山川，所以傧鬼神也；祭五祀，所以本事也。故宗祝在庙，三公在朝，三老在学，王前巫而后史，卜蓍瞽侑，皆在左右，王中心无为也，以守至正。是以礼行于郊，而百神受职，礼行于社，而百货可极，礼行于祖庙，而孝慈服焉，礼行于五祀，而正法则焉。故郊社宗庙山川五祀，义之修而礼之藏。①

在孔子的这一大段言论中，可以看出他对五行思想非同一般地熟谙、认同以及运用自如，他不仅由此提出"人者，天地之德，阴阳之交，鬼神之会，五行之秀。……人者，天地之心，而五行之端""圣人作则，必以天地为本，以阴阳为端，以四时为柄，以日星为纪，月以为量，鬼神以为徒，五行以为质"等极为精辟的命题，而且还说"天秉阳，垂日星；地秉阴，载于山川；播五行于四时，和四气而后月生，是以三五而盈，三五而缺，五行之动，共相竭也。五行四气十二月，还相为本；五声五律十二管，还相为宫；五味六和十二食，还相为质；五色六章十二衣，还相为主"。更为不可思议的是，在《孔子家语·五帝》篇中，孔子在回答季康子的问题时，不仅早已熟谙将五行与历史上的五帝、五正加以匹配的说法，而且还进行了十分详细的阐述，其曰：

---

① 《孔子家语·礼运》。

季康子问于孔子曰:"旧闻五帝之名,而不知其实,请问何谓五帝?"孔子曰:"昔丘也闻诸老聃曰:'天有五行,水火金木土,分时化育,以成万物,其神谓之五帝。'古之王者,易代而改号,取法五行,五行更王,终始相生,亦象其义。故其为明王者,而死配五行,是以太皞配木,炎帝配火,黄帝配土,少皞配金,颛顼配水。"康子曰:"太皞氏其始之木何如?"孔子曰:"五行用事,先起于木。木,东方,万物之初皆出焉。是故王者则之,而首以木德王天下,其次则以所生之行转相承也。"康子曰:"吾闻勾芒为木正,祝融为火正,蓐收为金正,玄冥为水正,后土为土正,此五行之主而不乱,称曰帝者,何也?"孔子曰:"凡五正者,五行之官名。五行佐成上帝而称五帝。太皞之属配焉,亦云帝,从其号。昔少皞氏之子有四叔,曰重、曰该、曰修、曰熙,实能金、木及水,使重为勾芒,该为蓐收,修及熙为玄冥;颛顼氏之子曰黎,为祝融;共工氏之子曰勾龙,为后土。此五者,各以其所能业为官职,生为上公,死为贵神,别称五祀,不得同帝。"康子曰:"如此之言,帝王改号于五行之德,各有所统,则其所以相变者,皆主何事?"孔子曰:"所尚则各从其所王之德次焉。夏后氏以金德王,色尚黑,大事敛用昏,戎事乘骊,牲用玄;殷人用水德王,色尚白,大事敛用日中,戎事乘翰,牲用白;周人以木德王,色尚赤,大事敛用日出,戎事乘骝,牲用骍。此三代之所以不同。"康子曰:"唐虞二帝,其所尚者何色?"孔子曰:"尧以火德王,色尚黄;舜以土德王,色尚青。"康子曰:"陶唐、有虞、夏后、殷、周独不配五帝,意者德不及上古耶?将有限乎?"孔子曰:"古之平治水土,及播殖百谷者众矣,唯勾龙氏兼食于社,而弃为

> 稷神，易代奉之，无敢益者，明不可与等。故自太皞以降，逮于颛顼，其应五行而王，数非徒五，而配五帝，是其德不可以多也。"

季康子即季孙肥，是鲁哀公时的正卿，当时统治集团中最有权力的人物。他就五帝、五正等有关问题请教孔子，孔子为他做了详细的解答。其中有几点值得我们注意。其一，孔子在一开头就说"昔丘也闻诸老聃曰"，这与《史记·老子韩非列传》等史传类文献及《礼记·曾子问》等儒家文献的相关记载可以互相构成强证，证明孔子确实曾经请教过老子，而且对老子很推崇，他的思想自然会受到老子的深刻影响。其二，"尧以火德王"，"舜以土德王"，"夏后氏以金德王"，"殷人用水德王"，"周人以木德王"，其五行是前者生后者，这就是"以所生之行转相承也"。其三，孔子不仅对五行思想体系非常熟悉，而且对五行思想在社会政治上的重要运用——"五德终始说"了如指掌，并有自己的独立见解，如"自太皞以降，逮于颛顼，其应五行而王，数非徒五，而配五帝，是其德不可以多也"。

在这其中，需要关注的一个重要问题是，关于五德与所尚之色的说法。《黄帝内经》《吕氏春秋》《淮南子》和《春秋繁露》等皆为木配青、土配黄、火配赤、金配白、水配黑，而这里所说"夏后氏以金德王，色尚黑"，可能是说黑属水，而金生水，其德与所尚之色是相生关系。"殷人用水德王，色尚白"，"周人以木德王，色尚赤"，"尧以火德王，色尚黄"，其德与所尚之色也都是相生关系。唯独"舜以土德王，色尚青"是一个例外，青属木，而木克土，其所尚之色与其德是相克关系。这是为什么呢？可能是因为"土者，四行之主，王于四季"，而"五行用事，先起于木。木，东方，万物之初皆出焉。是故王者则之，而首以木德王天下"，木乃配青，因此，"以土德王"者"色尚青"。王肃的注解则认为此处原文有误，纠正说："土家宜尚白。土者，四行之主，王于四季。五行用事，先起于水，色青。是以水家避土，土家尚白。"其中"先起于水"当为"先起于木"之误。

按照以前的看法，《孔子家语》所记载的孔子的这些言论简直就是阴阳家的思想，"不语怪、力、乱、神"①的孔子是不可能说出这些话的。因此，学者多不能正确理解，于是就以此为依据指斥《孔子家语》为王肃所造的伪书，例如孙志祖在《家语疏证》中指出："此篇王肃所造，杂采《礼记》《左传》，假为季康子问答，以驳郑康成六天之说。"②顾颉刚先生曾经就《五帝》篇的王肃注解所反映的立场指出："这是他打破'六天'之说的。他以为天有五行，自然地运行，自然地化育万物。五帝只是五行之神，帮助天生万物的，并非各占一天，至谶纬书上的灵威仰诸名，只是妖怪之言，学者所不当信。"③接着，顾先生在论及五正、五祀时说："王肃这篇文字的材料既取自《左传》《月令》《世经》，完全是刘歆的学说，所以在这段注文里也就采用了他的话，主张把祭社和祭地分别清楚了。"④顾先生肯定了王肃"五德说"的优长，认为："三国魏时代的五德说，比了刘歆的说法又变换了许多了。至于郑、王之争，历代学者皆右郑抑王，但我们如肯弃掉成见，便可见出王肃确有批判精神，他的学说比了郑玄

---

① 《论语·述而》。
② 孙志祖：《家语疏证》卷三《五帝》，载《丛书集成初编》，中华书局1991年版，第62页。
③ 顾颉刚：《中国上古史研究讲义》，中华书局1988年版，1992年12月北京第二次印刷本，第352页。
④ 同上书，第353页。

进步多了。"①

但是，越来越多的证据表明，《孔子家语》所记载的这些话可以基本肯定是反映孔子思想的。

在其他传世文献及新出土的简帛文献中，孔子论及五行的材料俯拾皆是，如在《大戴礼记·曾子天圆》中，就同样记载了曾子所听闻到的孔子关于五行思想运用的一大段言论，其曰：

> 圣人为天地主，为山川主，为鬼神主，为宗庙主。圣人慎守日月之数，以察星辰之行，以序四时之顺逆，谓之历；截十二管，以宗八音之上下清浊，谓之律也。律居阴而治阳，历居阳而治阴，律历迭相治也，其间不容发。圣人立五礼以为民望，制五衰以别亲疏，和五声之乐以导民气，合五味之调以察民情，正五色之位，成五谷之名，序五牲之先后贵贱。②

由此可以看出，孔子和曾子已经可以熟练地运用阴阳、五行思想阐发自己对天道、人道的看法和感悟，足见其对阴阳、五行思想是非常熟悉和认同的，并以之为天道、人道的基本内容。周桂钿先生指出："《孙子兵法》《墨子》都讲五行无常胜，说明在春秋时代，人们已经熟知五行相胜的道理，并且已经知道这个道理不是绝对的。"③ 联系到《论语·述而》所记载的"子曰：'加我数年，五十以学《易》，可以无大过矣'"，《史记·孔子世家》所记载的"孔子晚而喜《易》，序《彖》《系》《象》《说卦》《文

---

① 顾颉刚：《中国上古史研究讲义》，第384页。
② 《大戴礼记·曾子天圆》。
③ 周桂钿：《十五堂哲学课》，第60页。

言》；读《易》，韦编三绝，曰：'假我数年，若是，我于《易》则彬彬矣'"，以及帛书《易传》中的《要》篇所记载的"吾好学而才闻要，安得益吾年乎？……夫子老而好《易》，居则在席，行则在橐"①，我们就可以基本肯定，孔子对阴阳、五行思想不仅是非常熟悉的，而且是有深刻领悟和极高造诣的。

帛书《易传》提到"五行"一词有三次，其中，《二三子问》篇提到两次，《易之义》篇提到一次。此外，《要》篇提到"水火金土木"一次。《二三子问》曰："圣人之立正（政）也，必尊天而敬众，理顺五行，天地无菑，民□不伤，甘露时雨聚降，飘风苦雨不至，民也相酉易以寿，故曰番庶……德与天道始，必顺五行，亓孙贵而宗不僗。"《易之义》云："子曰：五行□□□□□□□□□□不可学者也，唯亓人而已矣。"《要》曰："故易又（有）天道焉，而不可以日月生（星）辰尽称也，故为之以阴阳；又（有）地道焉，不可以水火金土木尽称也，故律之以柔刚……又（有）人道焉，不可以父子君臣夫妇先后尽称也，故为之以上下……又（有）君道焉，五官六府不足尽称之，五正之事不足以至之……"这些材料，尤其是《易之义》的记载，与上述《论语》《史记》和《要》篇的记载，互相构成强证，足以证明：孔子早已直接论述到"五行"，这是毋庸置疑的思想史事实。

---

① 参见廖名春《马王堆帛书周易经传释文》，《续修四库全书》经部易类一，上海古籍出版社1995年版，第37—38页。本书帛书《易传》释文以此为主，兼采众长，下同。参阅陈松长、廖名春《帛书〈二三子问〉〈易之义〉〈要〉释文》，陈鼓应主编《道家文化研究》第3辑，上海古籍出版社1993年版，第424—435页；朱伯崑主编：《国际易学研究》第1辑"帛书易传释文和帛书易传研究"专栏诸先生文，华夏出版社1995年版；廖名春：《帛书〈易传〉初探》，第259—291页；裘锡圭《帛书〈要〉篇释文校记》，《道家文化研究》第18辑，生活·读书·新知三联书店2000年版，第279—310页。

当然，在对帛书《易传》"五行"的理解上，有不同观点。邢文先生认为，《二三子问》和《易之义》中的"五行"并不是指《要》的"水火金土木"，而是指"天地民神时"，理由主要是"水火金土木"在《要》中是讲"地道"的，而"五行"在《二三子问》中每与"顺"连用，是讲天道、人道的，因而两者并不相同。① 此说似可商榷。笔者认为，水火金土木"五行"在战国及以前不仅指地道，而且也指天道、人道。"五行"指地道，如《史记·天官书》所说"天有五星，地有五行"，《左传》中更有大量记载，如《襄公二十七年》："天生五材，民并用之。"《昭公二十五年》："则天之明，因地之性，生其六气，用其五行。"《昭公三十二年》："故天有三辰，地有五行，体有左右，各有妃耦。"《国语》也有多处记载，如《鲁语》说："及地之五行，所以生殖也。"《郑语》说："先王以土与金木水火杂，以成百物。""五行"也可指天、人，甚至可以说"五行"原本就是出于定星历、正天时的需要而创立的，如《史记·历书》："盖黄帝考定星历，建立五行。"《管子·五行》："昔黄帝以缓急作五声……然后作立五行，以正天时。"而《左传·昭公二十九年》"故有五行之官，是谓五官"，则是指人事而言。可见，先秦水、火、金、土、木"五行"概念所指很宽泛，涵盖天、地、人三才之道。

《二三子问》中的"理顺五行""必顺五行"前面各有"尊天而敬众""与天道始"，显然"五行"是就天道、人道而言的，《易之义》虽阙字过多，但从后句"不可学者也，唯其人而已矣"，似可推测也是言天人之道的。这也正体现了该两篇"顺天

---

① 邢文：《帛书周易研究》第九章。

应人"的思想，其中的"五行"应当就是《要》篇中的"水火金木土"，而不是从文中抽取出来的"天地民神时"。这一点还可从《要》中得到证明，《要》在讲"君道"时，用了"五官六府""五正之事"，其"五官"当指"五行之官"，"五正"当指"五行之正"，即《左传·昭公二十九年》所谓"故有五行之官，是谓五官……木正曰句芒，火正曰祝融，金正曰蓐收，水正曰玄冥，土正曰后土"。"六府"亦与"五行"有关，即《左传·文公七年》所谓"水火金木土谷，谓之六府"。由此可见，帛书《易传》"五行"即指"水火金土木"。值得注意的是，帛书《易传》已开始出现以"五行"解《易》的倾向，虽然还没有达到以阴阳解《易》那样的系统性，但这种风气对汉代及其后易学家产生了重大影响，易学家最终成为汉以后中国学术史上"五行"学说的主要阐发者。

再回过头来看看通行本《易传》，虽然没有明言"五行"，但不能说没有"五行"的丝毫影响。如《系辞传》言"天数五，地数五，五位相得而各有合"，"三与五同功而异位，三多凶，五多功，贵贱之等也"，表明以"五"为贵的思想。再譬如《说卦传》在阐述八卦的取象时说："乾为金""巽为木""坎为水""离为火"，已经明言这四卦的"五行"属性，至于其他四卦也隐含了"五行"属性，如"坤为地""艮为山"，"地""山"皆属"土"；"兑为毁折，为刚卤"隐含具有"金"的属性；"震为决躁，为蕃鲜"，隐含具有"木"的属性。另外，《说卦传》还将八卦作了八方的方位规定，从文献上考察，"五方"观念是"五行"的源头之一，五方早期即有了"五行"的规定性，由此推测，八卦依据其方位也可确立其"五行"属性，不过这一点通行本《易传》中并没有展开和具体说明。

司马迁说："《易》著天地阴阳四时五行，故长于变。"① 明确指出《易》蕴含阴阳五行之理。郑万耕先生就此指出，司马迁认为"与帛书《易传》，尤其是《要》篇的思想是一致的"②。

《易传》与五行的关系，应当引起我们的注意。当然，即便承认《易传》言五行，也不能由此将五行看成《易》的"专利"，更不能将《易传》看成五行的最早记载。③

综上所述可见，孔子对阴阳、五行等自然观思想是非常熟悉并高度认同的，这与他曾经请教过老子并十分崇拜老子可能有非常密切的关系。而仅从《论语》中是完全看不到这一点的。金景芳、吕绍纲、吕文郁诸先生早已指出："不能认为只有一部今本《论语》反映孔子思想，别无其他。今本《论语》仅仅保存了孔子言行的一小部分，七十子后学保留下来的孔子遗说还有许多，《礼记》《大戴礼记》即是。《孟子》《荀子》中也保存一些。《公羊传》《穀梁传》既是七十子后学所传，也不容忽视。'六经'与孔子有密切的关系。《春秋》和《易传》是孔子留下的讲政治和哲学的理论著作，对它们采取不承认态度是错误的。所有这些蕴含孔子学说的文献，如果仔细观察分析，会发现它们是贯通的、相联系的。把它们联系起来进行全面、总体的考察，是研究孔子学说最可取的方法。孔子不止有一部《论语》，光靠《论语》，看不透孔子。"④

---

① 《史记·太史公自序》。
② 郑万耕：《帛书〈易传〉散议》，载朱伯崑主编《国际易学研究》第1辑，第131页。
③ 参见张其成《论〈周易〉与〈内经〉的关系——兼论帛书〈周易〉五行说》，http://www.dssy.net/bbs/dispbbs.asp?BoardID=85&id=1720&skin=1；王菊英：《曾子述论》第五章第二节，湖北人民出版社2009年版。
④ 金景芳、吕绍纲、吕文郁：《孔子新传》，长春出版社2006年版，第178页。

# 第四章

# 《孔子家语》的道德修养论

《四库全书总目·易类叙》曰:"《易》之为书,推天道以明人事者也。"孔子亦然。孔子思想体系的核心是他的道德修养论。他讲自然观,并不是为讲自然观而讲自然观,他讲自然观的目的,是试图为其道德修养论提供一个坚实的理论基础。这里我们就以《孔子家语》为主,来较为详细地探讨一下孔子的道德修养论思想。

## 第一节 论"仁"

"仁"和"义"是儒家思想体系中的两个核心范畴,并且是一对"相反相成的范畴"[①],郭店楚简《六德》所言"仁与宜(义)戚矣"就含有这个意思,儒家典籍中普遍有仁义对举连用的情况也体现出这个意思。我们先来看孔子关于"仁"的思想。

"仁"有广义和狭义之分。广义的仁是孔孟所谓抽象程度很高的恻隐之心和推己及人的"博爱";狭义的仁与礼或义相对,

---

① 庞朴:《儒家辩证法研究》,载《当代学者自选文库·庞朴卷》,安徽教育出版社1999年版,第532页。

指"爱人"及"导之以德,齐之以礼"的教化施治;或与智勇并举,指向善的意愿。从广义上说,仁是义的基础。而狭义上的仁与义则各有所施,各有所长,也各有所偏,二者是并协互补的关系。

就现存文献来看,一般认为"仁"字最早见于今文《尚书》:"若尔三王。是有丕子之责于天,以旦代某之身。予仁若考,能多才多艺,能事鬼神。乃元孙不若旦多才多艺,不能事鬼神。"①这是在周武王身患重病的时候,周公旦告祭祈祷"三王"(指太王、王季、文王),表达自己愿意代替武王去死的言论。"予仁若考"的意思是,我的容貌气质很像已经辞世的祖考,"仁"是指气质而言。②

"仁"字在《诗经》中仅有两见:一是《诗经·郑风·叔于田》:"叔于田,巷无居人。岂无居人?不如叔也,洵美且仁。"二是《诗经·齐风·卢令》:"卢令令,其人美且仁。"其中"仁"字均指人的气质。

《说文》曰:"仁,亲也,从人二。古文仁,从千心,或从尸。"这个"从千心"的古文,正是郭店简上从身心的字,只因为"身"符有时被简化,大肚子变成一个实心的黑点,有点像"千"字,于是从身心便被误会成从千心了。至于《说文》所谓"从尸"的古文仁字,出土文献中也有,譬如中山王鼎有"亡不率仁,敬顺天德"句,包山二号墓180号简的"童笋阴仁汝",

---

① 《尚书·周书·金縢》。
② 其中,"予仁若考"一句,后人或解释为"我周公仁能顺父"(《伪孔传》),或认为是"周公言,我仁顺祖考"(蔡沈《书经集传》)。但有学者分析,"予仁若考"一句,与"能多才多艺,能事鬼神"一样,是周公自认为优于武王、更适合侍奉祖考的原因,所以应限定于容貌、举止、能力等内容,若包括内在的德性,便有周公自我夸耀的嫌疑(竹内照夫)。

其仁字都是从尸从二的。

仁字抛开从尸或从人的依傍，而改成从心的字样，这意味着造字者们在向世人宣告：仁德并非某个氏族（尸方或人方）所专有，也不是从哪儿借鉴和复制而来的倘来之物，有如先前从尸的仁字所显示的那样；仁者人也，它本是人类（凡有"心"者）所特有和所必修的美德，是人之所以异于禽兽的天命之性。这是一件具有划时代意义的大事，至少也是儒学发展史上划时代的大事。《古玺文编》上录有28个从心从身的"仁"字，数目可谓不小。人们把这个新字镌刻在印玺上，说明它已被采用为贵族们的名号或标记，说明这一观念已经得到重视。①

"仁"字作为一个道德概念，在春秋时期已经很流行了。②《国语》中"仁"字出现24次，《左传》中"仁"字出现33次，从其中不难理解，春秋时代的思想家已经把人与仁并提，有"言仁必及人""杀身以成志，仁也"③的说法，且以"仁"表示"爱人"和其他的道德意蕴。孔子重"仁"，是对三代至春秋时期的文化成就，尤其是对周公以降的文化成就的继承。虽然，春秋时最重要的还是"礼"，《左传》提到"礼"字462次，比提到"仁"字多13倍。但相比较而言，孔子最重"仁"。《论语》讲到"礼"（包括礼乐并言）75次，讲到"仁"却有109次。孔子超乎前代思想家最主要的贡献，是把作为"礼"的内核的"仁"，即人文价值理想，确立起来并做了多层面、多维度的发挥。"仁"是孔子思想的中心观念，也是中国哲学的中心范畴之一。④

---

① 庞朴：《"仁"字臆断》，《寻根》2001年第1期。
② 匡亚明：《孔子评传》，南京大学出版社1990年版，第152页。
③ 《国语·周语下》《国语·晋语》。
④ 郭齐勇：《中国哲学史》，高等教育出版社2006年版，第27页。

关于"仁"的内涵,《论语》记载有孔子的一个简明扼要的说法,那就是"爱人"。① 我们从《孔子家语》中不仅也可以看出孔子最重"仁"这一点来,而且《孔子家语》记载孔子更加明确地提出了"仁者莫大乎爱人"的著名命题,他说:

> 仁者莫大乎爱人,智者莫大乎知贤,贤政者莫大乎官能。有土之君修此三者,则四海之内供命而已矣。②

此句在《大戴礼记·王言》中作"仁者莫大于爱人,知者莫大于知贤,政者莫大于官贤。有土之君修此三者,则四海之内拱而俟",以《大戴礼记》于文于义为优。孔子在这里讲"仁者莫大乎爱人",虽然主要是针对统治者的,但它无疑又同时适用于一切人。孔子认为,仁者最大、最突出的特质就是"爱人",就是能够推己及人,将自己的爱心一点点扩大,直到自己的爱心普及于一切人,真正做到"哀鳏寡、养孤独、恤贫穷、诱孝悌"③,对一切人都可以一视同仁,视人犹己,这就是《论语》所载孔子讲的"夫仁者,己欲立而立人,己欲达而达人,能近取譬,可谓仁之方也已"④ 的意涵。《孔子家语》记载孔子的言论说:

> 仁人不过乎物,孝子不过乎亲。⑤

孔子认为,有仁德的人为人处世,忠信可靠,戒慎恐惧,不欺屋

---

① 《论语·颜渊》。
② 《孔子家语·王言解》。
③ 同上。
④ 《论语·雍也》。
⑤ 《孔子家语·大婚解》。

漏,"战战兢兢,如临深渊,如履薄冰",从来不会自以为是,不会肆意妄为,不会僭越天地万物的自然法则。孔子又说:

> 儒有不宝金玉,而忠信以为宝;不祈土地,而仁义以为土地;不求多积,多文以为富;难得而易禄也,易禄而难畜也;非时不见,不亦难得乎?非义不合,不亦难畜乎?先劳而后禄,不亦易禄乎?其近人情,有如此者。……儒有忠信以为甲胄,礼义以为干橹,戴仁而行,抱德而处;虽有暴政,不更其所。其自立有如此者。……夫温良者,仁之本也;慎敬者,仁之地也;宽裕者,仁之作也;逊接者,仁之能也;礼节者,仁之貌也;言谈者,仁之文也;歌乐者,仁之和也;分散者,仁之施也。儒皆兼此而有之,犹且不敢言仁也。其尊让有如此者。①

这就是说,真正的儒者,不会看重金玉,而是珍视忠信的美德;不会祈求土地,而是以仁义作为自己挺立于天地之间的坚实土地;真正的儒者,以忠信为护身的坚固甲胄,以礼义为前进的干橹,推崇仁德而行于世间,持守德义而应对现实,即使有暴政的外来压迫,也不会改变自己的一贯操守和既定理想。温和善良是仁的根本,戒慎恭敬是仁的基础,宽裕从容是仁的作风,谦逊处下是仁的功效,遵循礼节是仁的外貌,言谈得体是仁的文饰,歌舞音乐是仁的和乐,与人分享是仁的施行。儒者即使兼备这些方面,也不敢自言自己已经达到了仁的理想,他们就是如此尊贵谦让的。

---

① 《孔子家语·儒行解》。

在上述《孔子家语》所记载的这些内容中，我们可以看到孔子一系列的关于"仁"的重要命题，如"仁者莫大乎爱人"，"仁人不过乎物"，"儒有……不祈土地，而仁义以为土地"，"儒有忠信以为甲胄，礼义以为干橹，戴仁而行，抱德而处"，等等。就这些命题所反映的思想来说，我们很难把它们与《论语》《中庸》中所记载的孔子所说的相关命题区分开来，而毋宁说二者其实是高度一致的，例如《论语》记载孔子说：

夫仁者，己欲立而立人，己欲达而达人，能近取譬，可谓仁之方也已。①

仁者先难而后获，可谓仁矣。②

颜渊问仁。子曰："克己复礼为仁。一日克己复礼，天下归仁焉。为仁由己，而由人乎哉？"颜渊曰："请问其目。"子曰："非礼勿视，非礼勿听，非礼勿言，非礼勿动。"③

仲弓问仁。子曰："出门如见大宾，使民如承大祭。己所不欲，勿施于人。在邦无怨，在家无怨。"④

樊迟问仁。子曰："居处恭，执事敬，与人忠；虽之夷狄，不可弃也。"⑤

子张问仁于孔子。孔子曰："能行五者于天下，为仁矣。"请问之。曰："恭、宽、信、敏、惠。恭则不侮，宽则得众，信则人任焉，敏则有功，惠则足以使人。"⑥

---

① 《论语·雍也》。
② 同上。
③ 《论语·颜渊》。
④ 同上。
⑤ 《论语·子路》。
⑥ 《论语·阳货》。

> 民之于仁也，甚于水火。水火，吾见蹈而死者矣，未见蹈仁而死者也。①
>
> 为政在人，取人以身，修身以道，修道以仁。仁者人也，亲亲为大；义者宜也，尊贤为大。亲亲之杀，尊贤之等，礼所生也。②

由此可见，在孔子那里，仁是最高德性，并在人与人、人与万物的关系中体现出来，其根本意义是"爱人"。③ 仁从"亲亲"开始，逐渐推广到"爱人"，最终还要推到"爱物"，这才是天赋仁德的充分体现，也就是仁的全部真正内涵。我们不仅要"爱人"，而且要"爱物"，不仅要将爱心推扩到他人，而且要将爱心推扩到天地万物，只有这样，人的天赋性灵才是完全显发、没有"遮蔽"的，人的仁德心体才是周遍圆满、涵盖乾坤的。因此，孔子认为，水火为人生存所必需，"仁"较之水火对人的生存更为根本。据《大戴礼记》记载，孔子的再传弟子乐正子春从乃师曾子那里听到孔子曾经说：

> 伐一木，杀一兽，不以其时，非孝也。④

由此可见，孔子不仅认为人是有独立的内在价值的，而且认为自然界的一切生物也都是有内在价值的，人的情感不仅与"同类"之人是相通的，而且与"异类"之物也是相通的，因为宇宙万物

---

① 《论语·卫灵公》。
② 《礼记·中庸》。
③ 《论语·颜渊》。
④ 《大戴礼记·曾子大孝》。

原本就是同生同长、和谐互补的，共同组成一个共存共荣、休戚相关的生命整体。

周桂钿先生以中国思想史的立场指出："凡事都要设身处地，替别人着想，这是爱别人的重要思路。不为别人考虑的人，就不会产生'仁'的观念。'仁'的思想是儒家思想的核心，儒家思想又是中国传统思想的主干。历代儒家不断丰富、发展仁的思想，同时也有人对于儒家思想有所歪曲。"① 我们要努力以陈寅恪先生等倡导的所谓同情了解的基本方法，摒弃那种对先哲吹毛求疵、肆意歪曲的不恰当态度，勉力阐发中国古典哲学的仁学意蕴，使其为现代中国及世界的和谐发展提供取之不尽的珍贵思想资源。

## 第二节 论"义"

与"仁"一样，"义"在中国古典儒家哲学乃至整个传统文化中也是非常重要的一个范畴。陈明指出："义作为与仁并举的中国文化结构中的中坚性概念，其萌芽必定以民族生命和生活的深层结构为其温床。"②

《说文·我部》曰："義，己之威仪也，从我羊。"段玉裁《说文解字注》云："義之本训，为礼容各得其宜。"朱骏声《说文通训定声》"经传多以仪为之"可为佐证。杨树达进一步说明了"义"为"仪"之本字，其义为"礼容"，云："羊盖假为像，

---

① 周桂钿：《十五堂哲学课》，中华书局2006年版，第121页。
② 陈明：《儒者之维》，北京大学出版社2004年版，第381页；陈明：《"以义为利"：制度本身的伦理原则——〈大学〉新读之二》，http://www.confucius2000.com/confucian/yywlzdbsdllyzdxxdz2.htm。

说文八篇上人部云,像,象也,从人,从象,亦声,读若养。故字变为样,今通言人之样子是也。像读若养,养从羊声,故制義字者假羊为像,然则文从我羊,实言我像,我像即今言我样,故以己之威儀立训矣。"据此可知,作为"義"的本字,"仪"指符合某种行为规范的形容举止,具有主观和客观两方面的意涵:根据某一核心价值原则建立的行为规范;认同并遵循这一规范的人及其相关行为。由此,"义"可以引申出适宜、正义、具有效用的法度、大众之利等内涵。

"义"(義)是会意字,上羊下我。《说文·我部》:"我,古杀字。"李孝定《甲骨文字集释》曰:"契文'我'象兵器之形,以其柲似戈故与戈同,非从戈也。"更多的文字学家倾向于认为该兵器是戉。① 吴其昌说:"(戉)本义既为斧钺之象形,斧钺可以刑牲,故引申之义为刑牲。"唐兰先生认为,戉"谓割牲以祭也"。《周易·系辞下》曰:"理财正辞,禁民为非,曰义。"《礼记·乐记》曰:"秋敛冬藏,义也。"其中之"义",即是由此引申而出。

义的观念,当早已萌芽于孔子之前。孔子首先将义提升为一个重要的道德哲学范畴,确立为一个重要的道德观念。在《论语》中,孔子有关"义"的主要命题有:"主忠信,徙义,崇德也","夫达也者,质直而好义,察言而观色,虑以下人,在邦必达,在家必达",②"君子之于天下也,无适也,无莫也,义之与比","君子喻于义,小人喻于利",③"见义不为,无勇也","见利思义,见危授命,久要不忘平生之言,亦可以为成人矣","君

---

① 参见林沄《说"戚"与"我"》,《古文字研究》第17辑。
② 《论语·颜渊》。
③ 《论语·里仁》。

子义以为质,礼以行之,孙以出之,信以成之","隐居以求其志,行义以达其道","君子义以为上,君子有勇而无义为乱,小人有勇而无义为盗"①。其中之"义"乃指立身行事之本,是行为之最高标准。《中庸》谓:"义者,宜也。"凡事合于义则当做,不合于义则不当做。

我们再来看《孔子家语》所记载的孔子有关"义"的主要命题。就儒者的基本立场和行为方式,孔子明确指出:

> 儒有不宝金玉,而忠信以为宝;不祈土地,而仁义以为土地;……儒有忠信以为甲胄,礼义以为干橹,戴仁而行,抱德而处;虽有暴政,不更其所;其自立有如此者。……儒有合志同方,营道同术,并立则乐,相下不厌,久别则闻,流言不信,义同而进,不同而退,其交有如此者。②

这就是说,真正的儒者,不会祈求土地,而是以仁义作为自己昂然独立于天地之间的坚实土地;真正的儒者,以忠信为保护自身的坚固甲胄,以礼义为顺利前进、自我提升的工具,推崇仁德、持守德义以应对复杂多变的现实,任何外来的压力都不会改变他的一贯操守;真正的儒者,交朋友会选择志同道合的人,为人处世的核心主张相同,与人在某些方面并立则会觉得快乐,有人超过或不及自己也不会嫉妒厌恶,长久离别则会相互联系了解近况,不会相信流言蜚语,道义相同就相互促进,不同就退离他处,真正的儒者是这样与人交往的。孔子又提出:

---

① 《论语》之《为政》《宪问》《卫灵公》《季氏》《阳货》。
② 《孔子家语·儒行解》。

> 昔者明王万乘之国，有争臣七人，则主无过举；千乘之国，有争臣五人，则社稷不危也；百乘之家，有争臣三人，则禄位不替；父有争子，不陷无礼；士有争友，不行不义。①

其中的"争"是"诤"的通假字。古时统治万乘之国的君王、统治千乘之国的诸侯、管理百乘之家的大夫，如果有敢于直谏的臣民，则会获益匪浅；父亲如果有敢于直谏的子女，就不会陷入无礼的境地；士人如果有敢于直谏的挚友，就不会做出不合乎道义的事情。孔子又对他的得意大弟子子路说道：

> 君子以心导耳目，立义以为勇；小人以耳目导心，不愻以为勇。故曰退之而不怨，先之斯可从已。②

君子以心灵指导统率耳目，以立身行义为勇敢；小人以耳目引导内心，以狂傲不逊为勇敢。所以说君子被辞退而也不会抱怨，请他率先而为，能做好表率，堪为大家效法的榜样。孔子不仅强调"义"对于儒者、士人、君子的道德挺立所具有的莫大功能，而且他在与鲁哀公的对话中也谈到了"义"对一切人都具有重大作用：

> 哀公问于孔子曰："智者寿乎？仁者寿乎？"孔子对曰："然，人有三死，而非其命也，行己自取也。夫寝处不时，饮食不节，逸劳过度者，疾共杀之；居下位而上干其君，嗜欲无厌而求不止者，刑共杀之；以少犯众，以弱侮强，忿怒不

---

① 《孔子家语·三恕》。
② 《孔子家语·好生》。

类，动不量力者，兵共杀之。此三者死非命也，人自取之。若夫智士仁人，将身有节，动静以义，喜怒以时，无害其性，虽得寿焉，不亦可乎？"①

在这里，孔子就鲁哀公关于智者、仁者是否可以长寿的问题回答道，人有三种死亡是自己的不当行为导致的，而不是命运就该如此：一是，作息起居不顺时令，饮食私欲不知节制，过分安逸或劳困，这样就会导致疾病缠身，乃至无可救药，丧失性命；二是，身居下位而老是冒犯上级、君王，嗜欲炽盛、不知满足而向外驰求不止，这样就会导致触犯刑罚，乃至无可挽回，献出生命的代价；三是，以少数侵犯多数，以弱小欺侮强大，心中总是愤怒不平，行动常常不自量力，这样就会导致他人以武力报复，乃至被人杀害。这三种死法都不是命中注定的，而是这些人自己的错误行为招致的。而那些智士仁人，立身行事自有节度，动静语默合乎道义，喜怒好恶顺应天时，不会损害自己的天性，虽然得以长寿，不也是可以的吗？可见"动静以义"对于任何一个普通人的作用都是很大的。

与前面关于"仁"的讨论一样，从以上我们所简单列举的《孔子家语》所记载的孔子关于"义"的这些内容，我们同样可以推出，就《孔子家语》所记载的这些命题所反映的思想来说，我们很难把它们与《论语》所记载的孔子的相关命题进行严格的区分，而毋宁说二者也是高度一致的。由此可见，在孔子那里，仁是最高德性，并在人与人、人与万物的关系中体现出来，而义是仁德在为人处世过程中的自然体现。张岱年先生就此指出："儒家尚义，以为作事只须问此行为应当作与不应当作，而不必

---

① 《孔子家语·五仪解》。

顾虑个人的利害。……应当之标准在于人之所以为人者,即人之所以异于禽兽者。凡表现或发挥人之所以为人的行为,即应当的;反之即不应当的。"①

## 第三节 论"孝"

崇尚孝道是中华民族的优秀传统。孝是以父权为中心所渐渐形成的巩固家庭组织和社会秩序的道德观念。②作为一种人伦事实,孝应当在原始社会后期即已出现,但它反映为观念形态,并见诸文字记载,则可能是父权社会形成以后的事情。甲骨文中常见"孝"字,说明至晚在殷商时代,中国人的主体信仰世界就已有了明确的孝的观念,并已出现了一位堪为万世楷模的孝子,即殷高宗武丁之子孝己。③《吕氏春秋·孝行》引《商书》曰:"刑三百,罪莫重于不孝。"说明当时在倡导孝道的同时,对于不孝的人已经制定有一套严惩的刑罚。

《说文》曰:"孝,善事父母者。从老省、从子,子承老也。"《尔雅·释训》曰:"善父母为孝。"关于孝的起源,有"生殖崇拜"说④和"敬老"说⑤等不同说法。孝的对象最初并不只是健在

---

① 张岱年:《中国哲学大纲》,中国社会科学出版社1982年版,第386页。
② 参见徐复观《中国孝道思想的形成、演变及其在历史中的诸问题》,《中国思想史论集》,第133页。
③ 参见《战国策》之《秦策》《燕策》,《庄子·外物》,《荀子》之《性恶》《大略》,《汉书·古今人物表》。王国维先生认为,甲骨卜辞中的"兄己"就是"孝己",参见《观堂集林》卷九《殷卜辞中所见先公先王考》。
④ 参见周予同《"孝"与"生殖器崇拜"》,《古史辨》第二册,第232—252页;宋金兰《"孝"的文化内涵及其嬗变》,《青海社会科学》1994年第3期。
⑤ 参见何平《"孝"道的起源与"孝"行的最早提出》,《南开学报》1988年第2期。

的父母，也包括在天的祖先神①，所以从一定意义上说，孝是祖先崇拜观念的产物。而崇拜、祭祀祖先的目的，是为了歌颂祖先的不朽功德，进而祈求祖先神灵的保佑。金文和《诗》《书》中常见"孝享""用享用孝"的语汇，正是这种观念的反映。如《诗·小雅·天保》曰："吉蠲为饎，是用孝享；禴祠烝尝，于公先王。君曰卜尔，万寿无疆。"希求通过奉献供品、祭祀神灵这样的宗教性仪式，祖先神灵能够享有献物祭祀，以此达到的天人感通的精神状态。西周人将享、孝连文对举，说明当时的孝也以祭祖的形式存在。古文献还有"追孝"之说，如《尚书·文侯之命》曰："追孝于前文人。"伪孔传谓："继先祖之志为孝。"可见，"追孝"就是指继承先祖遗志，完成其未竟的事业，这也是周人孝道的一个基本内容。西周人关于孝的观念加强了善事父母等伦理性内容，如"肇牵车牛，远服贾用，孝养厥父母"②，而对于"不孝不友""大伤厥考心"者，则"速由文王作罚，刑兹无赦"③，严惩不贷。此外，臣事君长亦被看作孝，如《尚书·酒诰》曰："奔走事厥考厥长。"其中的"长"含有长辈与君长的双重含义，说明周人认为对君长恭敬从命、奔忙于政事也是孝。王慎行先生认为："西周的孝道观包含着后世所谓'忠君'的概念。"另据金文，妻子侍奉丈夫，丈夫死后妻子祭享不忘，亦可称为孝。④

春秋以降，铁器、牛耕的广泛应用，使得生产力大大提高。个体家庭开始从宗族组织中独立出来，一些大宗嫡子没落了，而

---

① 参见查昌国《西周"孝"义试探》，《中国史研究》1993 年第 2 期。
② 《尚书·酒诰》。
③ 《尚书·康诰》。
④ 王慎行：《试论西周孝道的形成及其特点》，《社会科学战线》1989 年第 1 期。

一些小宗庶子却"田连阡陌""富甲王侯",周礼所规定的宗法制度已难以为继。周天子作为天下的大宗,已经丧失了昔日的威严,"礼乐征伐自诸侯出""陪臣执国命"成为普遍现象,"君统"与"宗统"发生分离。与此相应,孝的观念也发生了一系列变化。首先,孝从"禘祖"的宗教性形式中独立了出来,不再只有"尊祖""敬宗"的政治功能。其次,孝的内容主要指奉养父母,如"守情说父,孝也"①。周人的孝多依托于祖先神灵,而西周末年的"疑天""怨天"思潮,也波及先祖依托于祖先神的孝享观念势必会发生动摇。"群公先正,则不我助,父母先祖,胡宁忍予"②"四月维夏,六月徂暑,先祖匪人,胡宁忍予"③ 正是这种思潮的流露。与此同时,感念父母养育之恩的思想观念却得到强化,"父兮生我,母兮鞠我,拊我畜我,长我育我,顾我复我,出入腹我。欲报之德,昊天罔极"④。在《诗经》的《东山》《杕杜》等诗篇里,出门在外的征夫魂牵梦绕的是家中的父母、妻子、兄弟,而对祖先、宗族却未置一词,可见家庭成为人们情感凝聚的中心。

　　春秋末期,作为儒家的创始人,孔子适应文化下移的历史大势,对"孝"给予了极大关注,使"孝"成为其思想体系的坚固基础。孔子虽提出"郁郁乎文哉!吾从周"⑤,但他论"孝"不只是承继周人的旧传统,而更是阐扬春秋的新思想。他将孝还原为人的真实情感,为孝找到了坚实的情感根据,他指出:"子生三年,然后免于父母之怀。夫三年之丧,天下之通丧也。予也,有

---

① 《国语·晋语二》。
② 《诗经·大雅·云汉》。
③ 《诗经·小雅·四月》。
④ 《诗经·小雅·蓼莪》。
⑤ 《论语·八佾》。

三年之爱于其父母乎？"① 这是从"报恩"的角度对"三年之丧"的合理性做出的有力说明。孝的观念首先直接来源于血缘亲情，是人类最本真的一种自然感情。对于父母长辈的养育之恩，作为子女后代，自然会生出一种报恩之心、孝敬之情，即人类学家通常所说的"反哺"现象。

孔子强调，"孝"绝不仅仅是在物质生活方面尽赡养父母长辈的义务，更重要的是内心所怀有的对父母长辈的敬爱之情。他说："今之孝者，是谓能养。至于犬马，皆能有养，不敬，何以别乎？""子夏问孝。子曰：'色难。'"② 在这里，"孝"是根源于血缘关系的自然亲情，是每个人都可以做到的基本德行，是人之为人的起码依据。

我们再来看《孔子家语》所记载的孔子有关"义"的主要命题。就儒者的基本立场和行为方式，孔子明确指出：

> 仁人不过乎物，孝子不过乎亲。是故仁人之事亲也如事天，事天如事亲，此谓孝子成身。③

这就是说，有仁德的人为人处世，忠信可靠，戒慎恐惧，从来不会肆意妄为，不会僭越天地万物的自然法则；真正的孝子在侍奉父母长辈的时候，竭尽全力，全心全意，从来不会稍有私心，不会违背父母长辈的旨意。因此，仁人事奉双亲长辈就好像事奉上天一样至诚恭敬，事奉上天就好像事奉双亲长辈一样亲切自然，这样就可以作为孝子成就自身、实现自身的标志。《孝经·开宗

---

① 《论语·阳货》。
② 《论语·为政》。
③ 《孔子家语·大婚解》。

明义》第一章就记载孔子的言论说：

> 身体发肤，受之父母，不敢毁伤，孝之始也；立身行道，扬名于后世，以显父母，孝之终也。夫孝，始于事亲，中于事君，终于立身。

一个人从小就要懂得自爱，懂得爱护父母所给予的身体，这是奉行孝道最基本的要求；成年后能够不负父母期望而安身立命，服务社稷，忠奉君王，亦是对父母的敬孝报答；终其一生能够立身成德，自爱爱他，自利利他，自立立他，经世致用，博施济众，而扬名于后世，这样才能称得上是一个有始有终的孝子。可以说，人一生中的所有行为都是在恪守躬行并实现着孝道。因此，孝为一切德行之本，是一切教化产生的根源。

孔子又提出"君子有三恕"的说法，他说：

> 君子有三恕：有君不能事，有臣而求其使，非恕也；有亲不能孝，有子而求其报，非恕也；有兄不能敬，有弟而求其顺，非恕也。士能明于三恕之本，则可谓端身矣。①

孔子认为，君子应该做到三项推己及人的恕道：有君不能尽心事奉，有臣而企求任其指使，不符合恕道的要求；有亲不能竭力孝敬，有子而企求其报答自己，不符合恕道的要求；有兄不能由衷地尊敬，有弟而企求其敬顺自己，不符合恕道的要求。一个士人，能明了这"三恕"的立身之本，则可以说是"端身"正己、

---

① 《孔子家语·三恕》。

堪为楷模了。与此同时，孔子强调指出，孝顺父母长辈，绝不意味着对父母长辈一味顺从，毫无原则。有一次，子贡问孔子说："子从父命，孝乎？臣从君命，贞乎？奚疑焉？"孔子回答说：

> 鄙哉！赐，汝不识也。昔者明王万乘之国，有争臣七人，则主无过举；千乘之国，有争臣五人，则社稷不危也；百乘之家，有争臣三人，则禄位不替；父有争子，不陷无礼；士有争友，不行不义。故子从父命，奚讵为孝？臣从君命，奚讵为贞？夫能审其所从，之谓孝、之谓贞矣。①

孔子的意思是说，古时的统治者，如果有敢于犯颜直谏的大臣，就会避免过失之举，社稷就不会陷入危难之境，禄位就会长久保持；父亲如果有敢于直谏的子女，就不会陷入无礼的境地；士人如果有敢于直谏的挚友，就不会做出不合乎道义的事情。因此，子女顺从父母长辈之命，难道就能简单称之为孝敬吗？显然不能，只有能明白自己所以应该顺从与直谏的道理，这才是真正的孝敬。孔子在与弟子讨论孝的问题时，会注意他的言论的实际效果。又有一次，子贡请教孔子说："死者有知乎？将无知乎？"孔子回答说：

> 吾欲言死之有知，将恐孝子顺孙妨生以送死；吾欲言死之无知，将恐不孝之子弃其亲而不葬。赐不欲知死者有知与无知，非今之急，后自知之。②

---

① 《孔子家语·三恕》。
② 《孔子家语·致思》。

孔子的意思是，我想说人死后还有知觉，却担心孝顺的子孙们会伤害自己的生命以陪送死者；我想说人死后没有知觉，却担心不孝顺的子孙们会遗弃亲人而不举行葬礼。赐啊，你现在先不要用心于死者有知与无知的问题，这不是当务之急，你以后自己会知道的。从中我们能够感觉到孔子作为一个伟大思想家的良苦用心，以及他的超凡的社会责任感和历史使命感。

孔子还继承了传统的"为仁者，爱亲之谓仁"①的思想，将"孝"与"仁"联系起来加以强调。可以说，孔子的仁学正是奠基于亲亲之爱之孝的坚实的基础上的，孝被认为是"仁"的唯一出发点。孔子明确主张："君子笃于亲，则民兴于仁"，"弟子入则孝，出则弟，谨而信，泛爱众而亲仁。"②其弟子有子同样就孔子的这一思想强调指出："孝弟也者，其为仁之本与！"③

孔子在关注孝的同时，还高扬仁、图复礼，以仁、礼作为解决现实社会问题的手段，并由此确立起人生的最高价值和终极理想。在孔子的思想体系里，仁与孝密切相关，孝是人区别于禽兽之所在，而仁是"人之为人"的最终实现，故孝是仁之本，仁是孝之成；孝的对象多指父母长辈，而仁则要求胸怀天下百姓，乃至一切众生，故孝多为家庭伦理，仁则是社会道德准则和人生理想境界；行孝是为人子女应尽的义务，为仁则要由孝亲扩充为"泛爱众""安百姓"④，"己立立人""己达达人"，以塑造君子人格，实现人生理想。因此，在孔子的思想体系中，仁是核心，具有更为丰富的内涵，居于比孝更为重要的地位。仁高于孝又源于

---

① 《国语·晋语一》。
② 《论语》之《泰伯》《学而》。
③ 《论语·学而》。
④ 《论语》之《学而》《宪问》。

孝，因此，孔子弟子有若说："孝弟也者，其为仁之本与！"① 这个命题其实也反映了孔子的思想。

中国古代"家国同构"的社会组织形式，又使得孝与忠具有相通性，所以孔子又说："君使臣以礼，臣事君以忠"②，"临之以庄则敬，孝慈则忠"，"《书》云：'孝乎！惟孝，友于兄弟，施于有政。'是亦为政，奚其为为政？"③ 似有主张"移孝作忠"的倾向，将孝、忠统摄于为仁的实践过程之中。可见，孔子关于"孝"的思想是非常伟大的，其历史影响也是非常巨大而深远的。诚如徐复观先生所言："孔子最大贡献之一，在于把周初以宗法为骨干的封建统治中的孝弟观念扩大于一般平民，使孝弟得以成为中国人伦的基本原理，以形成中国社会的基础，历史的支柱。"④

## 第四节　论理想人格

从现存的与孔子相关的文献来看，孔子关于理想人格的思想非常丰富，其中心内容是对"君子"人格的设计。有关"君子"人格的思想是孔子对古代道德生活反思的思想成果，"君子"集中地体现了孔子心目中的理想人格。"君子"这一范畴在《论语》中一共出现了105次，是孔子关于理想人格思想的主要概念。同时，除了君子之外，孔子关于理想人格的称谓还有"圣人""仁

---

① 《论语·学而》。《论语》所载有子此语，极可能是有子转述孔子之言。参见程树德《论语集释》，第14—15页。
② 《论语·八佾》。
③ 《论语·为政》。
④ 徐复观：《中国人性论史》先秦篇，上海三联书店2001年版，第554页。

人""成人""志士""士"等。①

在《孔子家语》中，孔子关于理想人格的思想同样是十分丰富的。他在回答鲁哀公的问题时，提出了"人有五仪"的说法，将人分为五个品级，即其所谓"五仪"，孔子说：

> 人有五仪：有庸人，有士人，有君子，有贤人，有圣人。审此五者，则治道毕矣。②

孔子认为，人有五个品类：有庸人，有士人，有君子，有贤人，有圣人。他先就庸人的特征描述道：

> 所谓庸人者，心不存慎终之规，口不吐训格之言，不择贤以托其身，不力行以自定；见小暗大，而不知所务；从物如流，不知其所执。此则庸人也。③

所谓庸人，就是心中没有慎终如始的行为规则，口里不说遵循法度的言语，不会选择贤者以使自身有所依托，不能努力行事以使自己安定；小事计较，大事昏昧，不知道自己应该做什么；总是随从外物私欲而动，不知道自己应该坚持什么立场。

孔子接着描述士人的特征说：

> 所谓士人者，心有所定，计有所守；虽不能尽道术之本，

---

① 参见王凌皓等《孔子的理想人格理论对和谐社会人格建构的意义》，http://ver.teacher.com.cn/teacher/front/content.action?contentId=56421。
② 《孔子家语·五仪解》。
③ 同上。

必有率也；虽不能备百善之美，必有处也。是故知不务多，必审其所知；言不务多，必审其所谓；行不务多，必审其所由。智既知之，言既道之，行既由之，则若性命之形骸之不可易也；富贵不足以益，贫贱不足以损。此则士人也。①

所谓士人，就是内心有坚定的立场和理想，制订的计划能坚持执行；虽然不能穷尽道术之本，但必定有遵循的原则；虽然不能完全具备百善之美，但必定有坚持的立场。因此，士人在知识方面不贪求太多，而是必定审知其所知道的东西究竟是否可靠；在言论上不务求多说，而是必定审知其所说的言论是否有理有据；在行为上不务求多做，而是必定审知其所作所为是否遵循天理。智慧既然已经体知，言语既然已经合道，行为既然已经中规中矩，则会一以贯之，坚守立场，"若性命之形骸之不可易也"；通常的富贵不足以使他增加什么，贫贱也不足以使他减损什么。这就是士人。

孔子又继续描述君子的特征说：

所谓君子者，言必忠信而心不怨，仁义在身而色无伐，思虑通明而辞不专；笃行信道，自强不息，油然若将可越而终不可及者。此则君子也。②

所谓君子，就是言语必定忠实诚信，而内心不会产生怨恨，自身具备仁义的美德，而毫无自我夸耀的表现，思虑通达明智，而言

---

① 《孔子家语·五仪解》。
② 同上。

辞不会专横霸道；坚定地实行自己的人生原则，信守自己认可的崇高道义，自强不息，积极向上，在任何时候都很泰然从容，好像将会被超越，而最终却不可企及。这就是君子。

孔子又描述贤人的特征说：

> 所谓贤人者，德不逾闲，行中规绳，言足以法于天下而不伤于身，道足以化于百姓而不伤于本；富则天下无宛财，施则天下不病贫。此则贤者也。①

所谓贤人，就是持守崇高的美德而不会逾越法度，所做的一切言行都自然符合普遍的规矩，言论足以为天下人效法而不会损伤自身，招惹灾祸，道义足以感化百姓而不会戕害自己的本性；富有则天下不必积攒私财，平施一切则天下人不必担忧贫困。这就是贤人。

最后，孔子描述圣人的特征说：

> 所谓圣者，德合于天地，变通无方，穷万事之终始，协庶品之自然，敷其大道而遂成情性；明并日月，化行若神，下民不知其德，睹者不识其邻。此谓圣人也。②

所谓圣人，就是德性充分合于天地，随缘变通，不会拘泥于一定的法则，推究穷尽了天下万事万物的终始之道，协理辅助天下各类事物充分展现自己的自然本性，充分施展其理想的大道，从而

---

① 《孔子家语·五仪解》。
② 同上。

可以充分实现自己乃至万物的天赋情性；其光明足以与日月齐辉，化育天下万物如同神明，普通老百姓不知道他的道德境界，见到他的人也不能识别他与一般人的差异。这就是圣人。孔子在另外的场合又多次谈论到圣人，例如他说：

> 圣人参于天地，并于鬼神，以治政也。……凡圣人，能以天下为一家，以中国为一人，非意之，必知其情，从于其义，明于其利，达于其患，然后为之。何谓人情？喜怒哀惧爱恶欲，七者弗学而能；何谓人义？父慈子孝，兄良弟悌，夫义妇听，长惠幼顺，君仁臣忠，十者谓之人义；讲信修睦，谓之人利；争夺相杀，谓之人患。圣人之所以治人七情，修十义，讲信修睦，尚辞让，去争夺，舍礼何以治之？饮食男女，人之大欲存焉；死亡贫苦，人之大恶存焉。欲恶者，人之大端，人藏其心，不可测度，美恶皆在其心，不见其色，欲一以穷之，舍礼何以哉？①

这就是说，圣人与天地鼎立而三，可以参赞天地化育万物的事业，可以与鬼神相并列，以此来治理国政。凡是圣人，皆"能以天下为一家，以中国为一人"，这并不是他们的臆想，"必知其情，从于其义，明于其利，达于其患"，然后才能达到这种境界。所谓人情，就是喜、怒、哀、惧、爱、恶、欲，这七情是与生俱来、"弗学而能"的；所谓人义，就是"父慈子孝，兄良弟悌，夫义妇听，长惠幼顺，君仁臣忠"，这十个人伦的基本内容就称为人义；讲求诚信，力修和睦的人际关系，就称为人利；而相互

---

① 《孔子家语·礼运》。

的争夺杀害，就叫作人患。"圣人之所以治人七情，修十义，讲信修睦，尚辞让，去争夺"，除了礼义法度还有什么办法来达到治平的目的呢？饮食男女，是人天生即有的最大欲求之所在；而死亡贫苦，是人的最大厌恶之所在。这种欲求和厌恶是"人之大端"，而"人藏其心，不可测度"，美善和丑恶皆藏在其心中，不见于其外在面貌，要想用一种方法来穷尽它，除了礼义法度还有什么办法呢？以上《孔子家语》所记载的孔子所讲的这些思想，有很多内容都可以与其他文献相参照，如其中的"所谓圣者，德合于天地，变通无方，穷万事之终始，协庶品之自然，敷其大道而遂成情性；明并日月，化行若神""圣人参于天地，并于鬼神"，与《易传》中的"夫大人者，与天地合其德，与日月合其明，与四时合其序，与鬼神合其吉凶，先天而天弗违，后天而奉天时""变通者，趣时者也""范围天地之化而不过，曲成万物而不遗，通乎昼夜之道而知，故神无方而《易》无体""乾道变化，各正性命，保合太和，乃利贞。首出庶物，万国咸宁"① 等，有着非常密切的内在关联，二者不仅思想主旨一致，而且连遣词造句都很相似。

在这里，我们尤其要注意的是孔子对"君子"的描述。因为"圣人"在层次上虽然比君子更高，是最高的理想境界，但也是常人很难达到的，孔子甚至说"尧舜其犹病诸"②——即便是尧舜，从某种意义上也仍然不足以称作圣人。相比之下，君子人格却更具有现实的可操作性，孔子说："圣人，吾不得而见之矣；得见君子者，斯可矣。"③ 在孔子看来，"君子"人格是常人经过

---

① 《易传》之《乾·文言》《系辞下》《系辞上》《乾·彖》。
② 《论语·雍也》。
③ 《论语·述而》。

努力比较容易达到的，是介于常人和圣人之间的过渡状态，是理想人格的初级形态。因而，孔子关于理想人格的思想就主要集中在对"君子"人格的设想中。

除了《孔子家语》之外，下面我们再结合《论语》等儒家的其他文献，试从君子对待天命和人生理想两大方面，来探析孔子的君子人格的基本特征。

第一，在对待天命方面，君子应该体知天命，敬畏天命。孔子自称"五十而知天命"[①]，又说："君子有三畏：畏天命，畏大人，畏圣人之言。小人不知天命而不畏也，狎大人，侮圣人之言。"[②] 孔子清楚地认识到，天命不是一个可以思虑的外在对象，而是一个涵摄人自身在其中的、使人畏惧和敬仰的对象，人可以通过实践的生活体知、领悟它。孔子说的"知天命""畏天命"，实际上含有"谋事在人，成事在天"的意味，强调人在天命、天道面前应该谦虚体认和充分尊重，采取一种淡泊宁静而又积极乐观的健康心态，这是君子应该具有的基本品格。冯友兰先生曾经指出："在中国文字中，所谓天有五义：曰物质之天，即与地相对之天。曰主宰之天，即所谓皇天上帝，有人格的天、帝；曰运命之天，乃指人生中吾人所无奈何者，如孟子所谓'若夫成功则天也'之天是也。曰自然之天，乃指自然之运行，如《荀子·天论》篇所说之天是也。曰义理之天，乃谓宇宙之最高原理，如《中庸》所说'天命之谓性'之天是也。《诗》《书》《左传》《国语》中所谓之天，除物质之天外，似皆指主宰之天。《论语》中孔子所说之天，亦皆主宰之天也。"[③] 在这里，冯友兰先生的讲

---

[①] 《论语·为政》。
[②] 《论语·季氏》。
[③] 冯友兰：《三松堂全集》第二卷，河南人民出版社1988年版，第43页。

法很有启发意义，但他所说的"《论语》中孔子所说之天，亦皆主宰之天也"，恐怕不太准确，像"五十而知天命"，"天何言哉？四时行焉，百物生焉，天何言哉"①，其中的"天"，如果说是主宰之天，恐怕不太合适。

第二，对于人生理想，君子立志修己安人、博施济众，以内圣外王为理想人格。本着这样的远大情怀，君子修己立身，积极入世，有强烈的社会责任感和历史使命感。《论语·宪问》记载："子路问君子。子曰：'修己以敬。'曰：'如斯而已乎？'曰：'修己以安人。'曰：'如斯而已乎？'曰：'修己以安百姓。修己以安百姓，尧舜其犹病诸。'"孔子还说："君子之德，风；小人之德，草；草上之风，必偃。"② 可见，孔子认为，要达到初级形态的理想人格——君子，只有内在的自我修养还不够，还要积极入世，移风易俗，在实现自我的同时，与人为善，成就他人。

---

① 《论语·阳货》。
② 《论语·颜渊》。

# 第五章

# 《孔子家语》的社会政治观

作为一个有着强烈社会责任感和历史使命感的伟大思想家，孔子的社会政治观具有非常丰富的内容。这里我们姑且以《孔子家语》为主，从孔子主张的"德者，政之始也"的德政思想、论为君之道、论为臣之道以及"无为而治"的"大同"理想等几个方面，来进行一些初步的探讨。

## 第一节 "德者，政之始也"

作为儒家创始人，孔子首倡德政思想，作为其思想体系的重要组成部分，集中体现了他的社会政治思想和主张。孔子一生虽然直接从政的时间不是太长，但他所提出的社会政治主张，却为我们留下了一笔极为宝贵的精神财富。从《论语》一书中我们可以看出，孔子对"为政以德"的德政思想做了大量的强调和阐述，提出了很多影响深远的命题，例如，"为政以德，譬如北辰，居其所而众星共之""道之以政，齐之以刑，民免而无耻；道之以德，齐之以礼，有耻且格"[①]，

---

① 《论语·为政》。

"道千乘之国，敬事而信，节用而爱人，使民以时"①，"先有司，赦小过，举贤才"②，"不教而杀谓之虐；不戒视成谓之暴；慢令致期谓之贼"③，等等。

我们从《孔子家语》中也可以看出孔子鲜明的德政主张来，其中记载孔子又提出了"德者，政之始也""德法者，御民之具""大上以德教民，而以礼齐之"等命题，他说：

> 德者，政之始也。政不和，则民不从其教矣；不从教，则民不习；不习，则不可得而使也。④

孔子认为，德是政治的基础，尤其是作为当政者，其德性的状态是为政成功的根本所在，是使天下百姓同归于善的前提。以孔子举舜的施政结果为例，来说明其德政思想的莫大价值和神奇功效，他说：

> 舜之为君也，其政好生而恶杀，其任授贤而替不肖，德若天地而静虚，化若四时而变物；是以四海承风，畅于异类，凤翔麟至，鸟兽驯德。⑤

孔子认为，舜之所以能成为万世敬仰的古代圣王，成为"德若天地而静虚，化若四时而变物"的崇高楷模，达到"四海承风，畅于异类，凤翔麟至，鸟兽驯德"的为政化境，就是因为他能够推

---

① 《论语·学而》。
② 《论语·子路》。
③ 《论语·尧曰》。
④ 《孔子家语·入官》。
⑤ 《孔子家语·好生》。

行"好生而恶杀"的德政。

在《孔子家语》中孔子十分强调的"德法",也就是我们通常所说的德治。他在与其高足闵子骞的对话中,提出了"夫德法者,御民之具"的命题。闵子骞在就任费宰时,曾经向孔子请教有关为政的问题,孔子回答说:

> 以德以法。夫德法者,御民之具,犹御马之有衔勒也。君者,人也;吏者,辔也;刑者,策也。夫人君之政,执其辔策而已。

闵子骞又向孔子请教古代为政的问题,孔子详细地解答道:

> 古者天子以内史为左右手,以德法为衔勒,以百官为辔,以刑罚为策,以万民为马,故御天下数百年而不失。善御马正衔勒,齐辔策,均马力,和马心,故口无声而马应辔,策不举而极千里;善御民,壹其德法,正其百官,以均齐民力,和安民心,故令不再而民顺从,刑不用而天下治。是以天地德之,而兆民怀之。夫天地之所德,兆民之所怀,其政美,其民而众称之。今人言五帝三王者,其盛无偶,威察若存,其故何也?其法盛,其德厚,故思其德,必称其人,朝夕祝之,升闻于天,上帝俱歆用永厥世而丰其年。不能御民者,弃其德法,专用刑辟,譬犹御马,弃其衔勒而专用棰策,其不制也,可必矣。夫无衔勒而用棰策,马必伤,车必败;无德法而用刑,民必流,国必亡。治国而无德法,则民无修,民无修则迷惑失道,如此上帝必以其为乱天道也。苟乱天道,则刑罚暴,上下相谀,莫知念忠,俱无道故也。今人言恶者,

必比之于桀纣，其故何也？其法不听，其德不厚，故民恶其残虐，莫不吁嗟，朝夕祝之，升闻于天，上帝不蠲，降之以祸罚，灾害并生，用殄厥世。故曰德法者御民之本。古之御天下者，以六官总治焉，冢宰之官以成道，司徒之官以成德，宗伯之官以成仁，司马之官以成圣，司寇之官以成义，司空之官以成礼。六官在手以为辔，均仁以为纳，故曰御四马者执六辔，御天下者正六官。是故善御马者正身以总辔，均马力，齐马心，回旋曲折，唯其所之，故可以取长道，可赴急疾，此圣人所以御天地与人事之法则也。天子以内史为左右手，以六官为辔，已而与三公为执六官，均五教，齐五法。故亦唯其所引，无不如志，以之道则国治，以之德则国安，以之仁则国和，以之圣则国平，以之礼则国安，以之义则国义，此御政之术。过失人之情，莫不有焉，过而改之，是为不过。故官属不理，分职不明，法政不一，百事失纪曰乱，乱则饬冢宰；地而不殖，财物不蕃，万民饥寒，教训不行，风俗淫僻，人民流散曰危，危则饬司徒；父子不亲，长幼失序，君臣上下，乖离异志曰不和，不和则饬宗伯；贤能而失官爵，功劳而失赏禄，士卒疾怨，兵弱不用曰不平，不平则饬司马；刑罚暴乱，奸邪不胜曰不义，不义则饬司寇；度量不审，举事失理，都鄙不修，财物失所曰贫，贫则饬司空。故御者同是车马，或以取千里，或不及数百里，其所谓进退缓急，异也。夫治者同是官法，或以致平，或以致乱者，亦其所以为进退缓急异也。古者天子常以季冬考德正法，以观治乱，德盛者治也，德薄者乱也。故天子考德，则天下之治乱，可坐庙堂之上而知之，夫德盛则法修，德不盛则饬，法与政咸德而不衰。故曰王者又以孟春论之德及功能。能德法者为有德，能行德法者为有行，能成德法者为有功，能治德法者为有智。故天子论吏而德法行，事治而功成，夫季冬正法，孟春论吏，治国之要。①

在这里，孔子开门见山地提出为政治国应当"以德以法"，提出"德法者，御民之具，犹御马之有衔勒也"的主张，把"德法"看成治国的根本原则。需要指出的是，这里的"法"是"礼法"之"法"，有法则、法度、规章之义，与今天所说的"法制"之"法"有所区别，故孔子将"德法"与"刑辟"对举。众所周知，孔子是典型的德治论者，这里所体现的孔子的治国思想依然如此。孔子把治国形象地比喻为驾车，而把德法看作统御人民的工具，说："君者，人也；吏者，辔也；刑者，策也。夫人君之政，执其辔策而已。"接着，孔子论述自己对"古之为政"的看法，具体谈论了他对"德法"与"刑辟"关系的认识。

首先，孔子强调，治国者必须兼重"德法"和"刑罚"。孔子以"辔"喻吏，以"策"喻刑，认为作为君主，只不过是"执其辔策而已"；古代的天子也是如此，他们以内史为左右手，以德法为衔勒，以万民为马，从而执其辔策"御天下数百年而不失"。这里，孔子没有特别强调刑罚，却没有忽视或者放弃刑罚，所以，他心目中的"善御马者"，其前提之一便是"齐辔策"，"策"即是比喻刑，刑实际上是作为德法的补充而出现的。孔子认为，刑罚应在德教行不通、万不得已之时才用。据《孔子家语》记述，孔子就此曾经说过：

---

① 《孔子家语·执辔》。

> 圣人之治化也，必刑政相参焉。太上以德教民，而以礼齐之。其次以政焉导民，以刑禁之，刑不刑也。化之弗变，导之弗从，伤义以败俗，于是乎用刑矣。①

在这里，刑之用乃以德为前提，刑只使用于愚顽不化、不守法度的人。刑以止刑，刑以佐教，宽猛相济，这正符合孔子的一贯主张。《孔丛子·刑论》记述有孔子与卫将军文子谈论鲁国公父氏"听狱"的事情，孔子说："公父氏之听狱，有罪者惧，无罪者耻。"对他十分赞赏。因为他明察秋毫，断案量刑准确，所以能使有罪者惧，更为难能可贵的是还能使"无罪者耻"，通过断狱让人们明白其中的是非曲直，所以孔子又说："齐之以礼，则民耻矣；刑以止刑，则民惧矣。"意思是说，刑之设不独为刑，更在于止刑，惩恶不是终极目的，劝善才是最高宗旨。德政与刑政的关系也就像孔子所说的行政中的"宽"与"猛"的关系，《左传·昭公二十年》记载孔子曰："政宽则民慢，慢则纠之于猛。猛则民残，民残则施之以宽。宽以济猛，猛以济宽。宽猛相济，政是以和。"这个论述同样也见于《孔子家语》的《政论解》篇。《尚书·大禹谟》曰"明于五刑，以弼五教"，《孔丛子·论书》中也记有孔子类似的话，即"五刑所以佐教也"。《尚书》的《康诰》和《多方》中都明确提到"明德慎罚"，仅仅"明德"一词，《尚书》中出现了八次之多。孔子是《尚书》的编订者，由此可见他的思想与周人传统的"明德慎罚"思想的一致性。

其次，孔子明确主张，盛德薄刑而天下治。在孔子看来，"善

---

① 《孔子家语·刑政》。

御马者"应把重点放在"均马力,和马心"上面,这样才有可能收到"口无声而马应辔,策不举而极千里"的功效。与之相应,善御民者重点应当放在德法上面,所以孔子说:"善御民,壹其德法,正其百官,以均齐民力,和安民心,故令不再而民顺从,刑不用而天下治。"孔子还说道,"政美"的人,为众所称颂者,必定是"天地之所德",为"兆民之所怀"。当时的人称颂五帝、三王,认为那时的盛世后来难以比拟,根本的原因还是其"法盛""德厚",所以后世的人们才"思其德,必称其人"。孔子重视德治,倡导以礼为国,主张先礼后刑,盛礼薄刑,都是孔子上述思想的反映。《孔丛子·刑论》记载孔子的弟子冉雍向他询问古今"刑教"的差别,孔子说:"古之刑省,今之刑繁。其为教,古有礼然后有刑,是以刑省;今无礼以教而齐之以刑,刑是以繁。"孔子认为,对民众进行教化,统治者首先应当为政以礼。为政以礼就是崇德,就是以德待民,建立德行。安人、安国、安天下,首先应当修己,这样才能使臣以礼,使民以时。统治者以"德"训民,上行下效,作奸犯科的人就会大量减少。而民众不明礼仪,是非不分,上层却只靠高压政策,结果只会徒增刑罚。《孔丛子·刑论》所记孔子在与卫文子的交谈中,也说上古时期"先王盛于礼而薄于刑,故民从命"。孔子认为注意教化是为政治国的根本,他反对不教而杀,《论语》记孔子之言曰:"不教而杀谓之虐。"孔子先教而后杀的思想在《孔丛子·刑论》中表现得更为充分,他说:"古之于盗,恶之而不杀也。今不先其教而一杀之,是以罚行而善不反,刑张而罪不省。夫赤子知慕其父母,由审故也,况乎为政。与其贤者而废其不贤,以化民乎?知审此二者,则上盗先息。"孔子还解释《尚书·吕刑》中的"伯夷降典,折民维刑",认为这是说为政者应当先用礼义教化而劝善,然后用法律刑政以惩恶，因为"无礼则民无耻，而正之以刑，则民苟免"。这与《论语》所记孔子讲的"道之以政，齐之以刑，民免而无耻；道之以德，齐之以礼，有耻且格"，思想主旨完全一致。

最后，孔子指出，"治国而无德法，则民无修"。孔子认为，治国者绝不可以丢弃德法而专用刑罚，否则，一定会造成非常严重的后果，如前引《执辔》篇所记孔子所说的，不能有效统治人民的人，"弃其德法，专用刑辟"，就好像御马时"弃其衔勒而专用棰策"一样，其不能有好的效果是可以肯定的，因为"无衔勒而用棰策"，则"马必伤，车必败"，而"无德法而用刑"，则"民必流，国必亡"。可见，"治国而无德法"，不施行德政，则人民无所遵循，昏昧迷惑，违背道义。《孔丛子·刑论》的记述也可以与之相互印证。《尚书·康诰》中有"兹殷罚有伦"之语，孔子的弟子向他请教此言何指时，孔子以为是"不失其理之谓也"。在孔子看来，为政治国应当法令一致，刑狱适当，不可随意处置。孔子认为，一个好的执法者应当慎重对待刑狱，尽量广施教化，注意防止犯罪，使人们远离刑狱，从根本上杜绝刑狱。[①] 所以孔子说："古之知法者能远狱，今之知法者不失有罪。不失有罪，其于恕寡矣；能远于狱，其于防深矣。寡恕近乎滥，防深治乎本。《书》曰：'维敬五刑，以成三德。'言敬刑所以为德矣。"

## 第二节　论为君之道

在讨论了"德者，政之始也"的核心政治原则之后，孔子又

---

[①] 杨朝明：《〈孔子家语·执辔〉篇与孔子的治国思想》，载杨朝明《儒家文献与早期儒学研究》，齐鲁书社2002年版，第274—294页。

对在社会政治领域中举足轻重的君王的为君之道进行了详细的探讨。

孔子推崇明君政治，其心目中的理想君主是"德合天地"的三代圣王，只是因为"大道既隐，天下为家""大人世及以为常"①的社会现实，才不得不以现实政治为立论的依据而倡导"忠君爱国"，但也要求"君使臣以礼，臣事君以忠"。②

从《孔子家语》的记述来看，孔子就为君之道提出了一些基本的原则，例如以身作则、"尊贤而贱不肖"、虚心纳谏等。下面我们就来对此进行较为深入的讨论。

### 一　以身作则

据《论语·子路》篇记载，孔子在与鲁定公谈一言兴邦、丧邦问题时，曾经明确指出："人之言曰：'为君难，为臣不易。'如知为君之难也，不几乎一言而兴邦乎？"孔子认为，一个君王如果能够明知"为君之难"，那么他就成功了一大半了。

在为君之道方面，孔子首先提出"欲政之速行也，莫善乎以身先之""君为正，则百姓从而正矣"等命题，强调指出，作为最高统治者的君王，在施政的实践过程中，应该时刻注意以身作则，他说：

> 君子欲言之见信也，莫善乎先虚其内；欲政之速行也，莫善乎以身先之；欲民之速服也，莫善乎以道御之。故虽服必强，自非忠信，则无可以取亲于百姓者矣；内外不相应，

---

① 《孔子家语·礼运》《礼记·礼运》。
② 《论语·八佾》。

则无已取信于庶民者矣。此治民之至道矣，入官之大统矣。①

这里的"君子"主要指为政的统治者。孔子认为，为政的君子首先要以身作则，要想说话被人相信，没有比先使内心谦虚更好的了；要想政令尽快实行，没有比自己先以身作则更好的了；要想使人民迅速服从，没有比以大道来协理人民更好的了。因此，虽然以强迫的方式也能使人民暂时服从，但如果自己没有忠信的德性，那就没有什么可以使百姓亲近的了；自己和其他统治者"内外不相应"，不一致，那就无法取信于普通百姓了。这就是"治民之至道"，是入仕为政的最高原则。

为了强调统治者尤其是君王应该以身作则，孔子提出了"凡上者，民之表也，表正，则何物不正"的命题，他说：

> 上敬老则下益孝，上尊齿则下益悌，上乐施则下益宽，上亲贤则下择友，上好德则下不隐，上恶贪则下耻争，上廉让则下耻节，此之谓七教。七教者，治民之本也。政教定，则本正也。凡上者，民之表也，表正，则何物不正？是故人君先立仁于己，然后大夫忠而士信，民敦俗璞，男悫而女贞，六者，教之致也。布诸天下四方而不怨，纳诸寻常之室而不塞，等之以礼，立之以义，行之以顺，则民之弃恶，如汤之灌雪焉。②

这就是说，在上位的人敬重老人，则在下位的人就会更加孝敬父

---

① 《孔子家语·入官》。
② 《孔子家语·王言解》。

母；在上位的人尊敬年长于自己的人，则在下位的人就会对年长于自己的人更加恭敬；在上位的人乐善好施，则在下位的人就会更加仁爱宽厚；在上位的人亲近贤人，则在下位的人就会更加注意选择善友；在上位的人崇尚美德，则在下位的人就不会隐匿真相；在上位的人厌恶贪得无厌，则在下位的人就会耻于争夺；在上位的人清廉礼让，则在下位的人就会以违背礼节为耻。这就是所谓"七教"，是治理人民的根本所在。可见，在上位的人是人民的榜样，榜样是正直的，那还有什么不正呢？因此，作为最高统治者的人君，自己先确立仁德的理想，然后大夫自然就会忠诚，士人自然就会守信，人民自然就会敦厚，风俗自然就会淳朴，男子自然就会诚谨，女子自然就会贞顺。这六个方面，都是人君以身作则施行教化的效果。这样，"布诸天下四方而不怨，纳诸寻常之室而不塞"，以礼制使其有序，以道义使其确立，以和顺使其推行，那么，人民舍弃邪恶，就如同开水灌雪一样无可阻挡、所向披靡了。

在与鲁哀公的对话中，孔子又运用训诂学的方法，提出了"夫政者，正也。君为正，则百姓从而正矣"的命题：

孔子侍坐于哀公。公问曰："敢问人道孰为大？"孔子愀然作色而对曰："君及此言也，百姓之惠也，固臣敢无辞而对。人道，政为大。夫政者，正也。君为正，则百姓从而正矣。君之所为，百姓之所从。君不为正，百姓何所从乎？"公曰："敢问为政如之何？"孔子对曰："夫妇别，男女亲，君臣信。三者正，则庶物从之。"公曰："寡人虽无能也，愿知所以行三者之道，可得闻乎？"孔子对曰："古之为政，爱人为大；所以治爱人，礼为大；所以治礼，敬为大；敬之至矣，大婚为大。大婚至矣，冕而亲迎。亲迎者，敬之也。是故君子兴敬为亲，舍敬则是遗亲也。弗亲弗敬，弗尊也。爱与敬，其政之本与！"①

其中的"男女亲"，据《礼记》《大戴礼记》及文意，应该作"父子亲"。② "君臣信"，在《礼记》和《大戴礼记》中作"君臣严"，皆可通。"大婚至矣，冕而亲迎。亲迎者，敬之也"，《百子全书》本作"大婚至矣。大婚既至，冕而亲迎。亲迎者，敬之至也"，似以前者为优。孔子认为，在人道中，为政是最重大的事情，而"政者，正也"，只要君王立得正，则天下百姓就都能顺从而立正了。君王的所作所为，是百姓顺从效法的主要对象。如果君王不能立得正，那百姓顺从效法什么呢？夫妇有别、父子相亲、君臣互信，人伦中的这三个主干立得正，则其他方面的事物也就会随之而正了。古圣之政以"爱人"为最大的特征，所以能够使天下大治；"爱人"以遵守礼制为最重要的原则，所以能够使天下井然有序；遵守礼制以尊敬他者为核心内容，尊敬他者的最高表现，就在大婚这一最重大的事情上。在大婚的时候，要身着礼服，亲自迎娶，之所以要亲自迎娶，就是因为要对女方表示尊敬。因此，"君子兴敬为亲，舍敬则是遗亲也"，没有亲近和尊敬，就没有尊贵。可见"爱与敬"，乃是为政之本啊！

在《论语》中，孔子在回答季康子为政的问题时，也提出了"政者，正也。子帅以正，孰敢不正"③的著名命题，另外也明确

---

① 《孔子家语·大婚解》。
② 参见张涛《孔子家语注译》，三秦出版社1998年版，第31页；杨朝明注说：《孔子家语》，河南大学出版社2008年版，第94页。
③ 《论语·颜渊》。

讲到了"上好礼,则民莫敢不敬;上好义,则民莫敢不服;上好信,则民莫敢不用情"①的思想。这与《孔子家语》所记载的孔子的上述命题的主旨乃至措辞都是完全一致的。

## 二 "尊贤而贱不肖"

在《孔子家语》的记载中,孔子所说的为君之道有一个重要的内容,那就是"尊贤而贱不肖"。例如孔子与其高足子路讨论道:

> 子路问于孔子曰:"贤君治国,所先者何?"孔子曰:"在于尊贤而贱不肖。"子路曰:"由闻晋中行氏尊贤而贱不肖矣,其亡何也?"孔子曰:"中行氏尊贤而不能用,贱不肖而不能去。贤者知其不用而怨之,不肖者知其必己贱而仇之。怨仇并存于国,邻敌构兵于郊,中行氏虽欲无亡,岂可得乎?"②

孔子认为贤明的君王治理国家,首先奉行的原则就是"尊贤而贱不肖",并注意重用贤人,辞退不肖之人。孔子举晋国中行氏为例,说他虽然也"尊贤而贱不肖",但他"尊贤而不能用,贱不肖而不能去",所以导致"贤者知其不用而怨之,不肖者知其必己贱而仇之",这样"怨仇并存于国,邻敌构兵于郊",使自己更加陷于孤立无助的境况,他虽然不想走向灭亡,但那能行吗?③

---

① 《论语·子路》。
② 《孔子家语·贤君》。
③ 冯友兰先生对此指出:"孔子对于政治之意见,在当时虽为守旧。然在别方面,孔子则为当时之新人物,自孔子开游说讲学之风,于是不治生产而只以游说讲学为事之仁益多。齐之稷下,即'数百千人',此外如孟尝信陵等公子卿相,皆各养'士'数千人。此中所为'混子'者,当然甚多。盖贵族阶级倒,而士阶级兴,此儒墨提倡尚贤之结果也。"第385—386页。

孔子在与其高足曾子的答问中继续强调这一思想，他说：

> 昔者明王之治民也，法必裂地以封之，分属以理之，然后贤民无所隐，暴民无所伏。使有司日省而时考之，进用贤良，退贬不肖，然则贤者悦而不肖者惧。哀鳏寡、养孤独、恤贫穷、诱孝悌、选才能。此七者修，则四海之内无刑民矣。……所谓天下之至仁者，能合天下之至亲也；所谓天下之至明者，能举天下之至贤者也。此三者咸通，然后可以征。是故仁者莫大乎爱人，智者莫大乎知贤，贤政者莫大乎官能。有土之君修此三者，则四海之内供命而已矣。①

其中的"贤政者莫大乎官能""四海之内供命而已矣"，在《大戴礼记·王言》中作"政者莫大于官贤""四海之内拱而俟"，以后者为优。孔子指出，古代明达的君王治理国民，一定会按照礼制划分土地，封给地方官，分别加以治理，这样，"贤民无所隐，暴民无所伏"。又使地方官对老百姓经常进行考察，"进用贤良，退贬不肖"，这就使贤者愉悦，使不肖者戒惧。哀怜无依无靠的鳏寡之人，抚养无子无父的孤独之人，体恤救济生活苦难的贫穷之人，引导百姓养成孝敬父母、尊重兄长的美德，选拔有才能的人出任合适的官职。这七个方面做好了，则四海之内就没有触犯刑罚的人了。天下最具仁德的人，能使天下人组成和睦至亲的大家庭；天下最明智的人，能举用天下最贤能的人。因此，"仁者莫大乎爱人，智者莫大乎知贤"，为政者莫大乎任用贤能之人。一国之君能够做到这三点，则四海之内的人都会拥戴他而甘愿听

---

① 《孔子家语·王言解》。

从他。孔子用舜的事例来说明其"尊贤而贱不肖"思想的莫大的实际效果,他称颂道:

>  舜之为君也,其政好生而恶杀,其任授贤而替不肖,德若天地而静虚,化若四时而变物;是以四海承风,畅于异类,凤翔麟至,鸟兽驯德。①

孔子认为,舜之所以能成为万世敬仰的古代圣王,成为"德若天地而静虚,化若四时而变物"的崇高楷模,除了因为他能够推行"好生而恶杀"的德政之外,还因为他能够"授贤而替不肖",能够广泛招揽德才兼备的贤能之人,并充分重用人才,而对尸位素餐的不称职的不肖之人则坚决辞退。

孔子的"尊贤而贱不肖""智者莫大乎知贤,贤政者莫大乎官能"的思想,在《论语》中同样可以明显看出来。例如:

>  仲弓为季氏宰,问政。子曰:"先有司,赦小过,举贤才。"曰:"焉知贤才而举之?"曰:"举尔所知,尔所不知,人其舍诸?"②
>
>  樊迟问仁,子曰:"爱人。"问知,子曰:"知人。"樊迟未达,子曰:"举直错诸枉,能使枉者直。"樊迟退,见子夏,曰:"乡也吾见于夫子而问知,子曰'举直错诸枉,能使枉者直',何谓也?"子夏曰:"富哉言乎!舜有天下,选于众,举皋陶,不仁者远矣。汤有天下,选于众,举伊尹,

---

① 《孔子家语·好生》。
② 《论语·子路》。

不仁者远矣。"①

其中孔子所讲的"举贤才""举尔所知,尔所不知,人其舍诸""举直错诸枉,能使枉者直"等命题,与我们在《孔子家语》中所见到的上述孔子的一系列言论,在思想实质上是完全一致的。

### 三　虚心纳谏

孔子认为,作为最高统治者的君王,更应该谦虚谨慎,礼贤下士,宽裕温柔,善于纳谏。据《孔子家语》记载,孔子引用了铜鞮伯华与周公的故事,明确提出了"以贵下贱,无不得也"的命题,其曰:

> 孔子闲处,喟然而叹曰:"向使铜鞮伯华无死,则天下其有定矣!"子路曰:"由愿闻其人也。"子曰:"其幼也,敏而好学;其壮也,有勇而不屈;其老也,有道而能下人。有此三者,以定天下也,何难乎哉?"子路曰:"幼而好学,壮而有勇,则可也;若夫有道下人,又谁下哉?"子曰:"由不知。吾闻以众攻寡,无不克也;以贵下贱,无不得也。昔者周公居冢宰之尊,制天下之政,而犹下白屋之士,日见百七十人,斯岂以无道也?欲得士之用也,恶有道而无下天下君子哉?"②

孔子认为,君王应该像铜鞮伯华那样"敏而好学""勇而不屈""有道而能下人",应该懂得"以贵下贱,无不得也"的道理,须

---

① 《论语·颜渊》。
② 《孔子家语·贤君》。

知尊重他人，尤其是尊重并能及时任用贤能之人，才能所作皆成，无有不得。古代周公"居冢宰之尊，制天下之政"，以其一人之下、万人之上的尊贵地位，而仍然对普通士人谦逊有礼，每天甚至要接见一百七十人，这样做难道是因为他无道吗？显然不是，而是因为他想要求得贤士并重用他们，怎么能自己有道就不谦虚对待天下君子呢？这一对君王的要求是颇具革命性和深刻性的政治主张。孔子又提出：

> 昔者明王万乘之国，有争臣七人，则主无过举；千乘之国，有争臣五人，则社稷不危也；百乘之家，有争臣三人，则禄位不替；父有争子，不陷无礼；士有争友，不行不义。故子从父命，奚讵为孝？臣从君命，奚讵为贞？夫能审其所从，之谓孝、之谓贞矣。①

孔子在这里的意思是说，古时统治万乘之国的君王，如果有敢于犯颜直谏的大臣七人，则君王就会避免过失之举；统治千乘之国的诸侯，如果有敢于犯颜直谏的大臣五人，则整个社稷就不会陷入危难之境；管理百乘之家的大夫，如果有敢于直谏的臣民三人，则其禄位就会长久保持。因此，臣子听从君王之命，难道就能简单称之为忠贞吗？显然不能，作为臣子，只有能明白自己所以应该顺从与直谏的道理，这才是真正的忠贞。而作为君王，要善于识别真正忠诚的臣子，并要注意虚心接受臣子的真诚直谏，这样就容易达到治国平天下的为政理想。

---

① 《孔子家语·三恕》。

## 第三节　论为臣之道

在君臣关系方面，孔子主张"君使臣以礼，臣事君以忠"①。在对为君之道进行探讨的同时，孔子对为臣之道也一样十分关注。这里我们拟从"忠信以为宝"、敢于谏君、"国有道则尽忠以辅之，国无道则退身以避之"等方面，来探讨一下孔子关于为臣之道的基本理念。

### 一　"忠信以为宝"

孔子十分强调"忠信"作为一种根本性的德性在人伦中的重要地位，也主张"忠信"在为臣之道中是一项首要的原则。一般来讲，"忠信"适用于修身和治国两个方面。在《孔子家语》里，孔子关于"忠信"的论述占有不少篇幅，例如孔子在对鲁哀公陈述儒者的品性时，明确指出：

> 儒有席上之珍以待聘，夙夜强学以待问，怀忠信以待举，力行以待取……儒有居处齐难，其坐起恭敬，言必诚信，行必忠正……儒有不宝金玉，而忠信以为宝……儒有忠信以为甲胄，礼义以为干橹，戴仁而行，抱德而处；虽有暴政，不更其所。②

孔子提出，儒者应该存养忠信的美德，以等待被任用的机会，应

---

① 《论语·八佾》。
② 《孔子家语·儒行解》。

该在国君和民众面前体现出忠信的风范；儒者应该在日常生活中毕恭毕敬，"言必诚信，行必忠正"；儒者不看重金玉，而以"忠信"为贵；儒者以忠信作为在纷繁复杂的社会政治生活中的重要防御武器。同时，与《论语》所记载的情况一致，在《孔子家语》中孔子也将"忠信"视为人之为人所应该具备的根本德性，适用于所有人的道德修养范围。例如：

> 孔子自卫反鲁，息驾于河梁而观焉。有悬水三十仞，圜流九十里，鱼鳖不能道，鼋鼍不能居。有一丈夫，方将厉之。孔子使人并涯止之，曰："此悬水三十仞，圜流九十里，鱼鳖、鼋鼍不能居也，意者难可济也。"丈夫不以措意，遂度而出。孔子问之曰："子巧乎？① 有道术乎？所以能入而出者何也？"丈夫对曰："始吾之入也，先以忠信；及吾之出也，又从以忠信。忠信措吾躯于波流，而吾不敢以用私，所以能入而复出也。"孔子谓弟子曰："二三子识之！水且犹可以忠信成身亲之，而况于人乎？"②

这就是说，人只要一片真诚忠信，毫无私心，去应对天地事物，就能够在纷繁复杂的万物中游刃有余，自由自在。孔子提倡，无论在伦理、教育领域，还是在社会政治领域，都应该"先以忠信"，"从以忠信"，这样就能所作皆成，无往而不胜。这是孔子毕生奉行的一贯原则，也是他经常提醒门人乃至世人应该遵循的

---

① 原脱"巧"字，据同文本、陈一本、《说苑》补。
② 《孔子家语·致思》。

行为准则。①

在《孔子家语》的记述中，我们还可以看到，孔子又通过一些具体的事例，来强调"忠信"这一重要的为臣之道，例如：

> 子路治蒲三年，孔子过之，入其境，曰："善哉由也，恭敬以信矣。"入其邑，曰："善哉由也，忠信而宽矣。"至庭，曰："善哉由也，明察以断矣。"子贡执辔而问曰："夫子未见由之政，而三称其善，其善可得闻乎？"孔子曰："吾见其政矣。入其境，田畴尽易，草莱甚辟，沟洫深治，此其恭敬以信，故其民尽力也；入其邑，墙屋完固，树木甚茂，此其忠信以宽，故其民不偷也；至其庭，庭甚清闲，诸下用命，此其言明察以断，故其政不扰也。以此观之，虽三称其善，庸尽其美乎？"②

有一次，孔子造访门人子路主管的蒲邑，走到它的边境，称赞子路做到恭敬谨慎而又有信用；再走到它的城市里，说子路做得忠贞诚实而又宽厚；最后到子路办公的官署，说他明察而又有决断。孔子没有亲眼看到子路的施政事实，却如此赞美子路，随从的子贡便怀疑而问其原因，孔子就说，我已经看到子路的施政成果了：一进入其管辖的境域，看到田地全部得到整治，荒地得到很大开辟，沟渠等水利设施非常完善，这说明他施政时恭敬而诚信，所以其民众就尽力劳作；进入蒲邑，看到墙壁房屋都很完好坚固，树木非常茂盛，这说明他忠信而宽厚，所以其民众就不偷

---

① 参见姜赞洙《〈孔子家语〉研究》第四章第四节，硕士学位论文，台湾"国立"政治大学中国文学研究所，1999年。

② 《孔子家语·辩政》。

懒懈怠；进入其官署，看到里面清闲有序，属下听从命令各司其职，这说明他明察而果断，所以其为政毫不烦乱。由此看来，即使多次称赞子路的为政功绩，难道就能把他的美德善行都穷尽吗？

由于受到了孔子重视忠信的影响，所以孔子的弟子们在为政时，也将忠信作为一项重要的原则加以奉行，例如：

> 孔子弟子有宓子贱者，仕于鲁，为单父宰，恐鲁君听谗言，使己不得行其政，于是辞行，故请君之近史二人，与之俱至官。宓子戒其邑吏，令二史书，方书辄掣其肘，书不善，则从而怒之，二史患之，辞请归鲁。宓子曰："子之书甚不善，子勉而归矣。"二史归报于君曰："宓子使臣书而掣臣，书恶而又怒臣，邑吏皆笑之，此臣所以去之而来也。"鲁君以问孔子，子曰："宓不齐，君子也，其才任霸王之佐，屈节治单父，将以自试也。意者以此为谏乎？"公寤，太息而叹曰："此寡人之不肖，寡人乱宓子之政，而责其善者，非矣。微二史，寡人无以知其过；微夫子，寡人无以自寤。"遽发所爱之使告宓子曰："自今已往，单父非吾有也，从子之制，有便于民者，子决为之，五年一言其要。"宓子敬奉诏，遂得行其政，于是单父治焉。躬敦厚，明亲亲，尚笃敬，施至仁，加恳诚，致忠信，百姓化之。①

孔子的得意弟子宓子贱在鲁国担任单父的主官时，他想方设法，减少鲁国国君的干扰，一心推行德政，着力引导百姓，使单父出现了安定太平的美好局面，这正是因为宓子贱能亲自奉行敦厚纯

---

① 《孔子家语·屈节解》。

朴的行为准则，倡明亲爱孝敬父母亲人的道理，崇尚诚笃恭敬的美德，施行至仁的好政策，再加上恳切真诚的施政态度，忠信诚实的一贯作风，因此，百姓自然就会被深深感化了。

在《论语》的记载中，我们既可以看到孔子将忠信作为一项普遍的道德原则加以强调，如"君子不重则不威，学则不固，主忠信，无友不如己者""主忠信，徙义，崇德也""言忠信，行笃敬，虽蛮貊之邦行矣；言不忠信，行不笃敬，虽州里行乎哉"，① 又可以看到孔子在为臣之道方面强调忠、信，提出"临之以庄则敬，孝慈则忠，举善而教不能则劝""君使臣以礼，臣事君以忠""居之无倦，行之以忠""上好信，则民莫敢不用情"② 等命题。这与上述《孔子家语》所记载的情况在思想实质上是完全一致的。

## 二 敢于谏君

在人欲炽盛、纷繁复杂的政治领域，如果没有伦理道德作为一种重要的制衡力量，那就必然会导致一片混乱。孔子虽然十分强调宗法社会制度存在的合理性，但在父子、君臣关系方面，他在相当大的程度上是坚持"唯义是从"的。

孔子认为，在为臣之道方面，与忠信之德密切相关的还有一点，那就是臣子不能一味顺从君王，而要在君王即将有错误的行为时，敢于向君王上谏。在《孔子家语》的记载中，孔子关于臣子劝诫谏诤君王的论述比较丰富。他首先对谏诤进行了分类，说：

---

① 《论语》之《学而》《颜渊》《卫灵公》。
② 《论语》之《为政》《八佾》《颜渊》《子路》。

> 忠臣之谏君，有五义焉。一曰谲谏，二曰戆谏，三曰降谏，四曰直谏，五曰风谏。唯度主而行之，吾从其风谏乎！①

孔子提出，为臣向君王上谏的方式有"谲谏""戆谏""降谏""直谏""讽谏"五种。要揣测君王心中的想法，而采用相应的谏诤方式，这样才能取得预期的最好效果，而且他自己倾向于可以谏君而下不致危及自身的"讽谏"。他又举卫国臣子史鱼的事例说：

> 卫蘧伯玉贤，而灵公不用；弥子瑕不肖，反任之。史鱼骤谏而不从，史鱼病，将卒，命其子曰："吾在卫朝，不能进蘧伯玉、退弥子瑕，是吾为臣不能正君也。生而不能正君，则死无以成礼。我死，汝置尸牖下，于我毕矣。"其子从之。灵公吊焉，怪而问焉。其子以其父言告公，公愕然失容，曰："是寡人之过也。"于是命之殡于客位，进蘧伯玉而用之，退弥子瑕而远之。孔子闻之，曰："古之列谏之者，死则已矣，未有若史鱼死而尸谏，忠感其君者也，不可谓直乎？"②

孔子非常赞佩史鱼的忠诚正直，竟然在死后还能以死谏来劝诫卫灵公，终于实现了"进蘧伯玉而用之，退弥子瑕而远之"的目的，并且使卫灵公对自己以前的错误行为有所反省，这都是史鱼的赤胆忠心感动了卫灵公的缘故。

在臣子上谏君王的时候，孔子并不主张愚忠，他认为，不管

---

① 《孔子家语·辩政》。
② 《孔子家语·困誓》。

君王或父亲的命令是否正确，都去照办，不敢直谏，这绝对不能算是"忠"。同时，孔子也提醒臣子，在谏诤时要审时度势，适可而止，恰到好处，避免无谓的牺牲。例如：

> 子贡曰："陈灵公宣淫于朝，泄冶①正谏而杀之，是与比干谏而死同，可谓仁乎？"子曰："比干于纣，亲则诸父，官则少师，忠报之心，在于宗庙而已。固必以死争之，冀身死之后，纣将悔寤，其本志情在于仁者也。泄冶之于灵公，位在大夫，无骨肉之亲，怀宠不去，仕于乱朝，以区区之一身，欲正一国之淫昏，死而无益，可谓狷②矣。《诗》云：'民之多辟，无自立辟。'其泄冶之谓乎？"③

在孔子对子贡的答疑中，说明由陈灵公对泄冶与纣对比干之间的不同身份，臣子向君王上谏的不同结果。比干对于纣王来说，论血缘他是纣的叔父，论官职他居于少师的要职，他应该尽忠报国，以延续祖先的祭祀，因此必须冒死谏诤，期待自己死了之后，纣王将有悔过醒悟的一天。泄冶对于陈灵公来说，地位不过是一个大夫而已，且没有血缘亲情，享受恩宠不愿离去，在一片混乱的朝廷做官，想要用自己的渺小身躯，去匡正一国的淫乱昏庸之风，被杀害了也没有什么益处，只能说是耿直。

在《论语》中，孔子也有一些与上述《孔子家语》所记载的思想一致的言论。据《论语·子路》篇记载，孔子提出"所谓大

---

① 《左传》《穀梁传》《史记·陈杞世家》皆作"泄冶"。"冶"，一作"治"，当为"冶"之误。泄冶，陈国之大夫。
② "狷"，原作"捐"，据陈本改。
③ 《孔子家语·子路初见》。

臣者，以道事君，不可则止"①的著名命题，他在与鲁定公谈一言兴邦、丧邦问题时，又曾经明确说道："人之言曰：'予无乐乎为君，唯其言而莫予违也。'如其善而莫之违也，不亦善乎？如不善而莫之违也，不几乎一言而丧邦乎？"②

## 三 "国有道则尽忠以辅之，国无道则退身以避之"

孔子认为，在纷繁复杂、险象环生的政治领域，作为一个臣子，要懂得进退有度，与世俯仰，随时应变，屈伸自如。从《孔子家语》所记载的孔子言论来看，孔子论述"屈"与"伸"的内容比较丰富。例如在《屈节解》篇中记述了很多这方面的内容，像子贡乱齐存鲁、宓子贱令书掣肘、故旧原壤之母死等故事，都是在说明在为臣之道中"屈"与"伸"的内在关系。其曰：

> 子路问于孔子曰："由闻丈夫居世，富贵不能有益于物，处贫贱之地，而不能屈节以求伸，则不足以论乎人之域矣。"孔子曰："君子之行己，期于必达于己，可以屈则屈，可以伸则伸。故屈节者所以有待，求伸者所以及时。是以虽受屈而不毁其节，志达而不犯于义。"③

在这里，孔子简明地说明对"屈"与"伸"的态度问题，提出了"可以屈则屈，可以伸则伸""屈节者所以有待，求伸者所以及时""虽受屈而不毁其节，志达而不犯于义"的思想，认为一个德才兼备的人，为了等待施展才华的机会，能暂时屈身相从，同

---

① 《论语·先进》。
② 《论语·子路》。
③ 《孔子家语·屈节解》。

时又不会毁掉自己的节操。《孔子家语》又记载：

> 孔子相鲁。齐人患其将霸，欲败其政，乃选好女子八十人，衣以文饰而舞容玑，及文马四十驷，以遗鲁君。陈女乐、列文马于鲁城南高门外，季桓子微服往观之，再三，将受焉。告鲁君为周道游观，观之终日，怠于政事。子路言于孔子曰："夫子可以行矣。"孔子曰："鲁今且郊，若致膰于大夫，则是未废其常，吾犹可以止也。"桓子既受女乐，君臣淫荒，三日不听国政，郊又不致膰俎。孔子遂行，宿于郭屯。师以送，曰："夫子非罪也？"孔子曰："吾歌可乎？"歌曰："彼妇人之口，可以出走；彼妇人之请，可以死败。优哉游哉，聊以卒岁。"①

这里主要在说明鲁君及权臣季桓子受到齐国美女的诱惑而不理朝政，在这列国纷争、社会混乱、君王没有尊严、权臣肆意妄为、臣子不能保身的情况之下，孔子就知道在鲁国已经没有再施行他的政治理想的机会，因而最后才不甘心地说出"乘桴浮于海"的名言。《孔子家语》又记述道：

> 子路问于孔子曰："有人于此，被褐而怀玉，何如？"子曰："国无道，隐之可也；国有道，则衮冕而执玉。"②
> 
> 樊迟问于孔子曰："鲍牵事齐君，执政不挠，可谓忠矣，而君刖之，其为至暗乎？"孔子曰："古之士者，国有道则尽忠以辅之，国无道则退身以避之。今鲍疾子食于淫乱之朝，

---

① 《孔子家语·子路初见》。
② 《孔子家语·三恕》。

不量主之明暗，以受大刖，是智之不如葵，葵犹能卫其足。"①

其中的"国无道，隐之可也；国有道，则衮冕而执玉""古之士者，国有道则尽忠以辅之，国无道则退身以避之"，与《论语》所记载的孔子"天下有道则见，无道则隐""君子哉蘧伯玉！邦有道，则仕；邦无道，则可卷而怀之"②的一贯态度和精神是完全一致的。孔子自己也是奉行他的上述主张的，例如：

孔子为鲁司寇，见季康子，康子不悦，孔子又见之。宰予进曰："昔予也常闻诸夫子曰：'王公不我聘，则弗动。'今夫子之于司寇也日少，而屈节数矣，不可以已乎？"孔子曰："然。鲁国以众相陵，以兵相暴之日久矣。而有司不治，则将乱也，其聘我者孰大于是哉？"鲁人闻之，曰："圣人将治，何不先自远刑罚。"自此之后，国无争者。孔子谓宰予曰："违山十里，蟪蛄之声犹在于耳，故政事莫如应之。"③

孔子在担任鲁国主管刑狱的长官时，曾经有降身屈节的行为，让他的弟子宰予不能理解，孔子解释了自己屈节的理由，从中可以了解孔子远大的眼光、宽阔的胸襟和屈节为国尽忠的精神。《孔子家语》一书记述的许多内容都是孔子向国君进谏，对当时的社会政治现实以严正的批判，或国君向孔子询问政事的情形。

---

① 《孔子家语·正论解》。
② 《论语》之《泰伯》《卫灵公》。
③ 《孔子家语·子路初见》。

可见,"国有道则尽忠以辅之,国无道则退身以避之"[①]的随时应变、与世俯仰的做法,孔子是认可的。这同样在《论语》中能得到证明[②],例如其中记载孔子明确说道:"笃信好学,守死善道,危邦不入,乱邦不居。天下有道则见,无道则隐。邦有道,贫且贱焉,耻也;邦无道,富且贵焉,耻也","道不行,乘桴浮于海","宁武子邦有道则知,邦无道则愚。其知可及也,其愚不可及也","君子哉蘧伯玉!邦有道,则仕;邦无道,则可卷而怀之"。[③] 孔子认为,要坚定地相信自己持守的道义,努力地学习,誓死捍卫自己的道德理想;危险的国家不要进入,动乱的国家不要居住;天下有道就出来为官,天下无道就隐居起来。如果国家政治清明有序,自己却因为不积极上进而贫穷卑贱,那是耻辱;如果国家政治一片黑暗,自己却富贵起来,那也是耻辱。他称赞卫国的大夫蘧伯玉是个真正的君子,国家政治清明时就出来为官,国家政治黑暗时就韬光养晦,把自己的才华收藏起来。在此,我们必须指出的是,孔子的社会政治理论之所以能在春秋、战国以来的古典社会长久流传,并且受到统治者和老百姓的共同称颂,这和孔子本身超凡的人格魅力及其为政者的崇高形象有密切的关系。[④]

## 第四节 "无为而治"的"大同"理想

关于孔子的政治理想,一直以来众说纷纭。其实,孔子的政

---

① 《孔子家语·正论解》。
② 孙海辉:《孔子与老子关系研究——以〈孔子家语〉为中心》,硕士学位论文,曲阜师范大学,2004年。
③ 《论语》之《泰伯》《公冶长》《卫灵公》。
④ 参见姜赞洙《〈孔子家语〉研究》第五章第二节,硕士学位论文,台湾"国立"政治大学中国文学研究所,1999年。

治理想就是无为而治。他说："无为而治者，其舜也与？夫何为哉？恭己正南面而已矣！"《论语》是孔子弟子们记载孔子言行的唯一著作，至今没有人能够否定其记载的真实性。因此，《论语》中的这段记载应该是孔子的原话，是孔子思想的最真实、最直接、最明白的体现。

从《孔子家语》的记述中，我们也可以看出，孔子的理想政治是无为而治，他以"德""礼""法"为主要框架，为"无为而治"的社会政治理想提供了一套坚实的基础，并且其中所记载故事中的孔子形象也成为"无为而治"的理想统治者的代表人物。在与曾子的答问中，孔子称颂舜说：

> 曾子曰："不劳不费之谓明王，可得闻乎？"孔子曰："昔者帝舜左禹而右皋陶，不下席而天下治，夫如此，何上之劳乎？政之不平，君之患也；令之不行，臣之罪也。若乃十一而税，用民之力岁不过三日，入山泽以其时而无征，关讥市廛皆不收赋，此则生财之路，而明王节之，何财之费乎？"①

孔子十分赞赏"舜左禹而右皋陶，不下席而天下治"的古典政治，认为舜达到了无为而治的理想政治境界。孔子又提出所谓"三至"：

> 曾子曰："敢问何谓三至？"孔子曰："至礼不让而天下治，至赏不费而天下士悦，至乐无声而天下民和。明王笃行

---

① 《孔子家语·王言解》。

三至,故天下之君,可得而知;天下之士,可得而臣;天下之民,可得而用。"曾子曰:"敢问此义何谓?"孔子曰:"古者明王,必尽知天下良士之名,既知其名,又知其实,又知其数,及其所在焉。然后因天下之爵以尊之,此之谓至礼不让而天下治;因天下之禄以富天下之士,此之谓至赏不费而天下之士悦;如此,则天下之民名誉兴焉,此之谓至乐无声而天下之民和。"①

最高的礼制不必强调谦让而能把天下治理得井井有条,最高的奖赏不必耗费财物而天下的士人都心悦诚服,最美好的音乐常常是此处无声胜有声,而天下的人民都能和睦相处。圣明的君王笃行"三至",则天下的君王都"可得而知";天下的士人都"可得而臣";天下的人民都"可得而用"。其中的"至礼不让而天下治,至赏不费而天下士悦,至乐无声而天下民和"的所谓"三至",明显是无为而治的理想政治的具体表现。在与其高足子游的答问中,孔子又对达到无为而治的理想社会——"大同"及相对的社会状态进行了勾勒:

孔子为鲁司寇,与于蜡,既宾事毕,乃出游于观之上,喟然而叹。言偃侍,曰:"夫子何叹也?"孔子曰:"昔大道之行,与三代之英,吾未之逮也,而有记焉。大道之行,天下为公,选贤与能,讲信修睦。故人不独亲其亲,不独子其子,老有所终,壮有所用,矜寡孤疾,皆有所养。货恶其弃于地,不必藏于己。力恶其不出于身,不必为人。是以奸谋

---

① 《孔子家语·王言解》。

闭而不兴,盗窃乱贼不作。故外户而不闭,谓之大同。今大道既隐,天下为家,各亲其亲,各子其子,货则为己,力则为人。大人世及以为常,城郭沟池以为固。禹汤文武,成王周公,由此而选,未有不谨于礼,礼之所兴,与天地并,如有不由礼而在位者,则以为殃。"①

这一段话又见于《礼记·礼运》篇,其曰:

昔者仲尼与于蜡宾,事毕,出游于观之上,喟然而叹。仲尼之叹,盖叹鲁也。言偃在侧,曰:"君子何叹?"孔子曰:"大道之行也,与三代之英,丘未之逮也,而有志焉。大道之行也,天下为公,选贤与能,讲信修睦,故人不独亲其亲,不独子其子,使老有所终,壮有所用,幼有所长,矜寡孤独废疾者皆有所养,男有分,女有归;货恶其弃于地也,不必藏于己;力恶其不出于身也,不必为己。是故谋闭而不兴,盗窃乱贼而不作,故外户而不闭,是谓大同。今大道既隐,天下为家,各亲其亲,各子其子,货力为己,大人世及以为礼,城郭沟池以为固,礼义以为纪,以正君臣,以笃父子,以睦兄弟,以和夫妇,以设制度,以立田里,以贤勇知,以功为己,故谋用是作,而兵由此起。禹、汤、文、武、成王、周公,由此其选也。此六君子者,未有不谨于礼者也,以著其义,以考其信,著有过,刑仁讲让,示民有常。如有不由此者,在势者去,众以为殃,是谓小康。"

---

① 《孔子家语·礼运》。

其中标明是孔子与其弟子言偃（子游）之间的对话。子游是孔子的著名弟子，以博古通今著称。《礼记》一书，虽然最后成于汉代，但其文字却是七十子后学所传。这段文字的思想和语言风格均与《论语》相近，不可能是出于汉人的伪托。在这段著名的言论中，孔子将社会制度区分为"公天下"和"私天下"两类："公天下"的特点是"大道之行"；"私天下"的特点是"大道既隐"。毋庸置疑，"大道之行"的"公天下"状态是孔子心目中的理想社会。同时，孔子对于在"三代之英"统治下所形成的盛世，还是取肯定态度的，将这种盛世，称之为仅次于"大同"的"小康"。"吾未之逮也，而有记焉"（"丘未之逮也，而有志焉"），这句话清楚地表明生当乱世的孔子，一方面慨叹自己非但没有赶上"大同"，也没有能够赶上"小康"；另一方面又表明他有志于实现"小康"，并进而实现"大同"。这种思想在《论语》中也可以得到验证，如"子曰：'齐一变至于鲁，鲁一变至于道。'"[1] 孔子说的这句话很不容易理解，注家众说纷纭，我们认为杨树达先生的解释最为妥帖，他说："齐为霸业，鲁秉周礼，则王道也。齐一变至于鲁，由霸功变为王道也。《礼运》以禹、汤、文、武、成王、周公六君子为小康，是王道为小康也。鲁一变至于道者，由小康变为大同也。《礼运》言大道之行天下为公，此道正彼文所谓大道矣。"[2]《孔子家语·礼运》篇和《礼记·礼运》篇关于"大同""小康"的论述，与《论语·雍也》中的"齐一变至于鲁，鲁一变至于道"，放在一起可以相互印证，既可证明"大同""小康"之说确为孔子的思想，而《雍也》篇中孔

---

[1] 《论语·雍也》。
[2] 杨树达：《论语疏证》第六，上海古籍出版社1988年版，第148页。

子的这句话也得到了确解。①

综上可见，孔子的政治理想就是无为而治。作为一种天下大治的社会状态，孔子认为，无为而治的社会必须具有三个特征，即人民足食、天下无兵和社会诚信。在孔子看来，为政以德即所谓德政只不过是实现无为而治的手段或途径罢了，它是以建立礼的秩序，发扬仁爱精神和坚持富而后教为基础的。孔子无为而治的政治理想是站在时代发展的前列、代表广大人民利益的进步呼声，是一种积极的无为而治，是对于老子"无为而无不为"思想的进一步阐扬。②

我们知道，孔子以"仁"作为其思想体系的最高范畴，"仁"是每个人天赋的内在道德，而孔子揭明"为仁由己"，即是说显发天赋的道德须依靠自身的努力。孔子心目中的理想人格乃是内圣外王，而"仁"的境界与"圣"的境界是有所不同的。我们从子贡与孔子的一段著名问答中就能体会到这一点。《论语·雍也》记载：

> 子贡曰："如有博施于民而能济众，何如？可谓仁乎？"
> 子曰："何事于仁！必也圣乎！尧舜其犹病诸！夫仁者，己欲立而立人，己欲达而达人。能近取譬，可谓仁之方也已。"

尧、舜在孔子心目中是集崇高的道德境界与超凡的政治业绩于一身的人，孔子对他们礼赞有加，他说：

---

① 王世舜：《论孔子的"君臣观"》，《聊城大学学报》（社会科学版）2003年第3期。

② 参见王志东《孔子的政治理想与无为而治》，《湖南大学学报》（社会科学版）2006年第2期。

> 大哉！尧之为君也！巍巍乎！唯天为大，唯尧则之。荡荡乎！民无能名焉！巍巍乎！其有成功也！焕乎！其有文章。巍巍乎！舜、禹之有天下也而不与焉。①

其中明显可以看出，孔子认为尧、舜、禹已经达到了无为而治的理想为政境界。虽然如此，但"尧舜其犹病诸"一语说明，要达到"圣"的境界是很不容易的。"圣"的境界是在"仁"的基础上的进一步推广。

从"修己以敬""推己及人"，到"修己以安人""修己以安百姓"，如此逐渐推扩，即可达到"圣"的境界。为此，孔子做了多方周密的设想，除了强调个人的德性在实行"仁政"时的核心地位之外，还要求统治者在现实政治中，对广大民众做到"去兵""足食""富之""教之"，更重要的是要努力接近乃至实现"博施于民而能济众"的理想，臻于"老者安之，朋友信之，少者怀之"② 的和谐共处、天下"大同"的理想社会境界。③

---

① 《论语·泰伯》。
② 《论语·公冶长》。
③ 参见文金福《孔子伦理政治思想研究》，硕士学位论文，广西师范大学政治与行政学院，2008 年。

# 参考文献

## 一　原典及注疏

（魏）王肃注：《孔子家语》，《四部丛刊》本，上海古籍出版社 1990年影印本。

（魏）王肃注：《孔子家语》，同文书局石印影宋抄本。

（魏）王肃注：《孔子家语》，刘氏玉海堂覆宋本。

（魏）王肃注：《孔子家语》，《四部备要》本，文渊阁《四库全书》本。

（魏）王肃：《孔子家语》，浙江古籍出版社影印《百子全书》本。

陈士珂辑：《孔子家语疏证》，上海书店1987年《国学基本丛书》影印本。

范家相：《家语证伪》，清光绪十五年（1889年）会稽徐氏铸学斋刊本，《续修四库全书》（第931册）影印本。

孙志祖：《家语疏证》，《丛书集成初编》本，中华书局1991年版。

薛安勤、靳明春：《孔子家语今注今译》，大连海运学院出版社

1993年版。

龙汉宸等:《孔子家语》,北京燕山出版社1995年版。

廖名春、邹新民:《孔子家语》,辽宁教育出版社1997年版。

张涛:《孔子家语注译》,三秦出版社1998年版。

王德明主编:《孔子家语译注》,广西师范大学出版社1998年版。

杨朝明主编:《孔子家语通解》,台北:万卷楼图书股份有限公司2005年版。

杨朝明注说:《孔子家语》,河南大学出版社2008年版。

杨朝明、宋立林主编:《孔子家语通解》,齐鲁书社2009年版。

(清)阮元:《曾子注释》,清道光二十五年(1845年)重刊本。

(清)王聘珍解诂:《大戴礼记解诂》,中华书局1983年版。

黄怀信、孔立德、周海生:《大戴礼记汇校集注》,三秦出版社2005年版。

(唐)孔颖达:《礼记正义》,北京大学出版社1999年版。

(清)孙希旦:《礼记集解》,中华书局1989年版。

胡平生译注:《孝经译注》,中华书局1996年版。

马承源主编:《上海博物馆藏战国楚竹书(二)》,上海古籍出版社2002年版。

(汉)孔鲋:《孔丛子》,上海古籍出版社1990年版。

黄寿祺、张善文:《周易译注》,上海古籍出版社1989年版。

杨伯峻:《春秋左传注》,中华书局1981年版。

(清)刘宝楠:《论语正义》,中华书局1980年版。

程树德:《论语集释》,中华书局1990年版。

杨伯峻:《论语译注》,中华书局1980年版。

(清)焦循:《孟子正义》,上海书店1986年版。

杨伯峻:《孟子译注》,中华书局1960年版。

（清）王先谦：《荀子集注》，中华书局1986年版。

许维遹：《韩诗外传集释》，中华书局1980年版。

屈守元：《韩诗外传笺疏》，巴蜀书社1996年版。

（汉）刘向撰，向宗鲁校证：《说苑校证》，中华书局1987年版。

（南朝）刘义庆著，刘孝标注：《世说新语》，上海书店1986年版。

叶适：《习学记言序目》，中华书局1977年版。

（宋）张载：《张载集》，中华书局1978年版。

（宋）程颢、程颐：《二程集》，中华书局2004年版。

（宋）朱熹：《朱子语类》，中华书局1983年版。

（宋）朱熹：《四书章句集注》，中华书局1983年版。

（宋）朱熹：《朱子全书》，上海古籍出版社、安徽教育出版社2002年版。

（宋）陆九渊：《陆九渊集》，中华书局1980年版。

（明）王守仁：《王阳明全集》，上海古籍出版社1992年版。

（清）王夫之：《读四书大全说》，中华书局1975年版。

陈奇猷：《吕氏春秋新校释》，上海古籍出版社2002年版。

（清）苏舆：《春秋繁露义证》，中华书局1992年版。

王利器：《颜氏家训集解》，中华书局1993年版。

（清）魏源：《魏源集》，中华书局1976年版。

（清）俞正燮：《俞正燮全集》，黄山书社2005年版。

《康有为全集》，上海古籍出版社1987—1992年版。

## 二　今人著述

孔德成：《孔子世家谱》，《孔子文化大全》影印本，山东友谊书社 1990 年版。

周洪才：《孔子故里著述考》，齐鲁书社 2004 年版。

潘相：《中国地方志集成·山东府县志辑 73·乾隆曲阜县志》，凤凰出版社 2004 年据乾隆三十九年（1774 年）刻本影印本。

黄怀信：《古文献与古史考论》，齐鲁书社 2003 年版。

陈梦家：《尚书通论》，中华书局 1985 年版。

蒋善国：《尚书综述》，上海古籍出版社 1988 年版。

（清）姚际恒著，顾颉刚点校：《古今伪书考》，上海古籍出版社 1986 年版。

史应勇：《郑玄通学及郑王之争研究》，巴蜀书社 2007 年版。

吴龙辉：《孔子言行录》，广东教育出版社 2006 年版。

周山、答浩编注：《走近孔子：〈论语〉之外的孔子语录精选》，上海社会科学院出版社 2007 年版。

罗安宪主编：《中国孔学史》，人民出版社 2008 年版。

唐晏：《两汉三国学案》，中华书局 1986 年版。

张岂之主编：《中国思想学说史》，广西师范大学出版社 2007 年版。

王志平：《中国学术史·三国两晋南北朝卷》，江西教育出版社 2001 年版。

万绳楠、陈寅恪：《魏晋南北朝史讲演录》，黄山书社 1987 年版。

臧云浦：《历代官制、兵制、科举制表释》，江苏古籍出版社 1987 年版。

康学伟：《先秦孝道研究》，吉林人民出版社 2000 年版。

净慧：《知恩报恩》，虚云印经功德藏 2006 年版。

匡亚明：《孔子评传》，南京大学出版社 1990 年版。

钟肇鹏：《孔子研究》（增订版），中国社会科学出版社 1990

年版。

金景芳、吕绍纲、吕文郁:《孔子新传》,长春出版社 2006 年版。

蒙培元:《蒙培元讲孔子》,北京大学出版社 2005 年版。

[美]顾立雅著,高专诚译:《孔子与中国之道》,大象出版社 2000 年版。

[美]赫伯特·芬格莱特著,彭国翔、张华译:《孔子:即凡而圣》,江苏人民出版社 2002 年版。

徐复观:《中国人性论史》先秦篇,上海三联书店 2001 年版。

朱伯崑:《易学哲学史》(上、中),北京大学出版社 1986、1988 年版。

郑万耕:《易学源流》,沈阳出版社 1997 年版。

蔡仁厚:《孔孟荀哲学》,台北:台湾学生书局 1984 年版。

郭齐勇主编:《儒家伦理争鸣集》,湖北教育出版社 2004 年版。

杨国荣:《善的历程:儒家价值体系研究》,上海人民出版社 2006 年版。

谢祥皓、刘宗贤:《中国儒学》,四川人民出版社 1998 年版。

崔大华:《儒学引论》,人民出版社 2001 年版。

李景林:《教养的本原》,辽宁人民出版社 1998 年版。

李景林:《教化的哲学》,黑龙江人民出版社 2006 年版。

张奇伟:《亚圣精蕴:孟子哲学真谛》,人民出版社 1997 年版。

杨泽波:《孟子评传》,南京大学出版社 1998 年版。

钱逊:《先秦儒学》,辽宁教育出版社 1991 年版。

吴龙辉:《原始儒家考述》,中国社会科学出版社 1996 年版。

杨朝明:《儒家文献与早期儒家研究》,齐鲁书社 2002 年版。

黄怀信、李景明主编:《儒家文献研究》,齐鲁书社 2004 年版。

李启谦:《孔门弟子研究》,齐鲁书社 1988 年版。

杨朝明、修建军主编：《孔子与孔门弟子研究》，齐鲁书社 2004 年版。

荆门市博物馆编：《郭店楚墓竹简》，文物出版社 1998 年版。

李零：《郭店楚简校读记》，北京大学出版社 2002 年版。

丁四新：《郭店楚墓竹简思想研究》，东方出版社 2000 年版。

郭沂：《郭店竹简与先秦学术思想》，上海教育出版社 2001 年版。

魏启鹏：《简帛文献〈五行〉笺证》，中华书局 2005 年版。

陈伟：《郭店竹书别释》，湖北教育出版社 2003 年版。

冯友兰：《三松堂全集》2—6、8—13，河南人民出版社 2000 年版。

张岱年：《张岱年全集》2—7，河北人民出版社 1996 年版。

陈荣捷：《中国哲学论集》，台北："中央"研究院中国文哲研究所 1994 年版。

郑万耕主编：《中国哲学教程》，高等教育出版社 2002 年版。

[美] 史华兹著，程钢译：《古代中国的思想世界》，江苏人民出版社 2004 年版。

周桂钿：《十五堂哲学课》，中华书局 2006 年版。

周桂钿：《秦汉哲学》，武汉出版社 2006 年版。

陈荣捷：《新儒学论集》，台北："中央"研究院中国文哲研究所 1995 年版。

陈来：《宋明理学》，辽宁教育出版社 1991 年版。

李祥俊：《道通于一：北宋哲学思潮研究》，北京师范大学出版社 2006 年版。

杜维明著，郭齐勇、郑文龙编：《杜维明文集》，武汉出版社 2002 年版。

刘述先：《理想与现实的纠结》，台北：台湾学生书局 1993 年版。

郑万耕等：《传统与超越：中国哲学的现代诠释》，北京师范大学出版社 2002 年版。

钱穆：《先秦诸子系年》，商务印书馆 2001 年版。

顾颉刚等：《古史辨》，上海古籍出版社 1982 年版。

张心澂：《伪书通考》，商务印书馆 1939 年版。

黄云眉：《古今伪书考补证》，齐鲁书社 1980 年版。

李学勤：《古文献丛论》，上海远东出版社 1996 年版。

李学勤：《简帛佚籍与学术史》，江西教育出版社 2001 年版。

（清）皮锡瑞著，周予同注释：《经学历史》，中华书局 1959 年版。

姜广辉主编：《中国经学思想史》第一、第二卷，中国社会科学出版社 2003 年版。

郑万耕等：《经史说略》，北京燕山出版社 2002 年版。

张岂之主编，梁涛、刘宝才著：《中国学术思想编年》先秦卷，陕西师范大学出版社 2005 年版。

余嘉锡：《余嘉锡说文献学》，上海古籍出版社 2001 年版。

周桂钿：《天地奥秘的探索历程》，中国社会科学出版社 1988 年版。

# 三 学位论文

姜赞洙：《〈孔子家语〉研究》，硕士学位论文，台湾"国立"政治大学中国文学研究所，1999 年。

郝虹：《王肃经学研究》，博士学位论文，山东大学，2001 年。

陈以凤：《孔安国学术研究》，博士学位论文，山东大学，2010 年。

孙海辉：《孔子与老子关系研究——以〈孔子家语〉为中心》，硕士学位论文，曲阜师范大学，2004年。

林保全：《宋以前〈孔子家语〉流传考述》，硕士学位论文，台湾师范大学国文学系，2006年。

刘萍：《〈孔子家语〉与孔子弟子研究——以〈弟子行〉和〈七十二弟子解〉为中心》，硕士学位论文，曲阜师范大学，2006年。

陈建磊：《魏晋孔氏家学及〈孔子家语〉公案》，硕士学位论文，曲阜师范大学，2007年。

陈以凤：《西汉孔氏家学及"伪书"公案》，硕士学位论文，曲阜师范大学，2007年。

李新民：《东汉孔氏家学及〈孔丛子〉伪书公案》，硕士学位论文，曲阜师范大学，2007年。

赵灿良：《〈孔子家语〉研究》，硕士学位论文，吉林大学，2007年。

宋鹤：《〈孔子家语〉的成书及真伪研究》，硕士学位论文，辽宁师范大学，2009年。

刘伟岩：《〈孔子家语〉复音词研究》，硕士学位论文，东北师范大学，2009年。

# 四　论文

王柏：《家语考》，载《鲁斋集》卷九，《文渊阁四库全书》影印本。

李学勤：《竹简〈家语〉与汉魏孔氏家学》，《孔子研究》1987年第2期；李学勤：《简帛佚籍与学术史》，江西教育出版社2001年版。

庞朴：《喜读"五至三无"》，载《上博馆藏战国楚竹书研究续编》，上海书店出版社 2004 年版。

庞朴：《话说"五至三无"》，《文史哲》2004 年第 1 期。

庞朴：《再说"五至三无"》，http://www.jianbo.org/Wssf/2003/pangpu03.htm。

那薇：《〈孔子家语〉中儒道兼综的倾向》，《孔子研究》1987 年第 2 期。

王志平：《〈孔子家语〉札记》，载《学术集林》卷九，上海远东出版社 1996 年版。

王连生：《从〈孔子家语〉看孔子思想价值的嬗变》，《辽宁师范大学学报》（社会科学版）1997 年第 1 期。

胡平生：《阜阳双古堆汉简与〈孔子家语〉》，载《国学研究》第七卷，北京大学出版社 2000 年版。

陈丽桂：《由表述形式与义理结构论〈民之父母〉与〈孔子闲居〉及〈论礼〉之优劣》，载《上博馆藏战国楚竹书研究续编》，上海书店出版社 2004 年版。

方旭东：《上博简〈民之父母〉篇论析》，载《上博馆藏战国楚竹书研究续编》，上海书店出版社 2004 年版。

王承略：《论〈孔子家语〉的真伪及其文献价值》，《烟台师范学院学报》（哲学社会科学版）2001 年第 3 期。

杨朝明：《〈礼记·孔子闲居〉与〈孔子家语〉》，载《儒家文献与早期儒学研究》，齐鲁书社 2002 年版。

杨朝明：《〈孔子家语·执辔〉篇与孔子的治国思想》，载《中国文献学丛刊》，百花文艺出版社 2002 年版。

杨朝明：《〈孔子家语·颜回〉篇与"颜氏之儒"》，《齐鲁文化研究》（第一辑），《山东师大学报》2002 年专刊。

杨朝明：《〈论语〉首章与〈孔子家语·屈节〉篇》，参见黄怀信、李景明主编《儒家文献研究》，齐鲁书社2004年版。

杨朝明：《读〈孔子家语〉札记》，《文史哲》2006年第4期。

杨朝明：《〈孔子家语·致思〉篇研究》，《东岳论丛》2009年第4期。

杨朝明、魏玮：《〈孔子家语〉"层累"形成说考辨》，《古籍整理研究学刊》2009年第1期。

杨朝明：《〈孔子家语〉通说》，载杨朝明注说《孔子家语》，河南大学出版社2008年版。

杨朝明：《"疑古"大幕笼罩下的〈孔子家语〉：白罗译解〈孔子家语〉读后》，载杨朝明《出土文献与儒家学术研究》，台湾古籍出版有限公司2007年版。

杨朝明：《可叹的"空夫子"时代》，载杨朝明《出土文献与儒家学术研究》，台湾古籍出版有限公司2007年版。

朱渊清：《阜阳双古堆1号木牍札记二则》，《齐鲁学刊》2002年第4期。

朱渊清：《〈金人铭〉研究——兼及〈孔子家语〉编定诸问题》，http：//tieba.baidu.com/f？kz=134315919。

李传军：《〈孔子家语·致思篇〉研究》，《泰安教育学院学报岱宗学刊》2000年第4期。

李传军：《〈孔子家语〉辨疑》，《孔子研究》2004年第2期。

张岩：《〈孔子家语〉研究综述》，《孔子研究》2004年第4期。

宋鹤：《〈孔子家语〉研究综述》，《安徽文学》（下半月）2008年第11期。

陈剑、黄海烈：《论〈礼记〉与〈孔子家语〉的关系》，《古籍整理研究学刊》2005年第4期。

宁镇疆：《由〈民之父母〉与定州、阜阳相关简牍再说〈家语〉的性质及成书》，载《上博馆藏战国楚竹书研究续编》，上海书店出版社2004年版。

宁镇疆：《八角廊汉简〈儒家者言〉与〈孔子家语〉相关章次疏正》，《古籍整理研究学刊》2004年第5期。

宁镇疆：《英藏敦煌写本〈孔子家语〉的初步研究》，《故宫博物院院刊》2006年第2期。

宁镇疆：《〈孔子家语〉佚文献疑及辨正》，《中国典籍与文化》2006年第4期。

宁镇疆：《〈家语〉的"层累"形成考论——阜阳双古堆一号木牍所见章题与今本家语之比较》，《齐鲁学刊》2007年第3期。

宁镇疆：《"层累"非"作伪"——再论今本〈孔子家语〉的性质》，《学术界》2009年第5期。

宁镇疆：《今传宋本〈孔子家语〉源流考略》，《中国典籍与文化》2009年第4期。

孙海辉：《〈孔子家语〉成书问题考辨》，载黄怀信、李景明主编《儒家文献研究》，齐鲁书社2004年版。

刘彬：《〈孔子家语·执辔〉篇易学象数发微》，载黄怀信、李景明主编《儒家文献研究》，齐鲁书社2004年版。

张固也、赵灿良：《〈孔子家语〉分卷变迁考》，《孔子研究》2008年第2期。

张固也、赵灿良：《从〈孔子家语·后序〉看其成书过程》，《鲁东大学学报》（哲学社会科学版）2009年第5期。

任怀国：《试论王肃的经学贡献》，《管子学刊》2005年第1期。

乐胜奎：《王肃易学刍议》，《周易研究》2002年第4期。

黄怀信：《〈孔丛子〉的时代与作者》，《西北大学学报》1987年第 1 期。又见黄怀信《古文献与古史考论》，齐鲁书社 2003 年版；黄怀信、李景明主编：《儒家文献研究》，齐鲁书社 2004 年版。

黄怀信：《〈孔丛子〉与孔子世系》，《西北大学学报》1987 年第 1 期。又见黄怀信《古文献与古史考论》，齐鲁书社 2003 年版；黄怀信、李景明主编《儒家文献研究》，齐鲁书社 2004 年版。

孔德立：《〈孔丛子〉与子思生年问题》，载黄怀信、李景明主编《儒家文献研究》，齐鲁书社 2004 年版。

黄怀信：《关于〈大戴礼记〉源流的几个问题》，《齐鲁学刊》2005 年第 1 期。

定县汉墓竹简整理组：《〈儒家者言〉释文》，《文物》1981 年第 8 期。

何直刚：《〈儒家者言〉略说》，《文物》1981 年第 8 期。

李学勤：《〈易传〉与〈子思子〉》，《中国文化》创刊号。

郑万耕：《易学中的"神"妙观》，《中国文化月刊》1995 年第 183 期。

王博：《早期儒家仁义说的研究》，《哲学门》2005 年总第 11 辑。

姜广辉：《郭店楚简儒家文献研究的参考坐标》，www.jianbo.org/admin3/list.asp? id=107。

钟肇鹏：《荆门郭店楚简略说》，《中国哲学》第 21 辑，辽宁教育出版社 2000 年版。

李学勤：《帛本〈五行〉与〈尚书·洪范〉》，《学术月刊》1986 年第 11 期。

李学勤：《从简帛佚籍〈五行〉谈到〈大学〉》，《孔子研究》1998 年第 3 期。

庞朴：《七十年代出土文物的思想史和科学史意义》，《文物》

1981 年第 5 期。

庞朴：《孔孟之间：郭店楚简的思想史地位》，《中国社会科学》1998 年第 5 期。

庞朴：《竹帛〈五行〉篇比较》，《中国哲学》第 20 辑，辽宁教育出版社 1999 年版。

庞朴：《"仁"字臆断：从出土文献看仁字古文和仁爱思想》，http://www.confucius2000.com/poetry/renziyid.htm。

魏启鹏：《思孟五行说的再思考》，《四川大学学报》（哲学社会科学版）1988 年第 4 期。

陈来：《马王堆帛书易传与孔门易学》，《国学研究》第 2 卷，北京大学出版社 1994 年版。

陈来：《竹帛五行篇为子思所作论》，《北京大学学报》（哲学社会科学版）2007 年第 1 期。

陈来：《竹简〈五行〉篇与子思思想研究》，《北京大学学报》（哲学社会科学版）2007 年第 2 期。

郭齐勇：《再论"五行"与"圣智"》，《中国哲学史》2001 年第 3 期。

廖名春：《思孟五行说新解》，《哲学研究》1994 年第 11 期。

廖名春：《荆门郭店楚简与先秦儒学》，《中国哲学》第 20 辑，辽宁教育出版社 1999 年版。

李景林：《思孟五行说与思孟学派》，《吉林大学社会科学学报》1997 年第 1 期。

李存山：《从简本〈五行〉到帛本〈五行〉》，武汉大学中国文化研究院编《郭店楚简国际学术研讨会论文集》，湖北人民出版社 2000 年版。

梁涛：《简帛五行新探：兼论五行在思想史中的地位》，《孔子研究》2002 年第 5 期。

梁涛:《荀子对思孟"五行"说的批判》,www.jianbo.org/admin3/list.asp?id=140。

罗新慧:《郭店楚简与儒家的仁义之辨》,《齐鲁学刊》1999 年第 5 期。

邢文:《郭店楚简研究述评》,《民族艺术》1998 年第 3 期。

钱穆:《略谈魏晋南北朝学术文化与当时门第之关系》,《新亚学报》(香港)1963 年第 5 期。